ケアマネジメントのエッセンス

利用者の思いが輝く援助技術

Essence of care management

一般社団法人日本ケアマネジメント学会 認定ケアマネジャーの会 編集

中央法規

刊行にあたって

　ケアマネジメントは、インテークからアセスメント、ケアプランの作成・実施、モニタリングという過程を循環しています。これによって、利用者の在宅生活を支えることになります。このそれぞれの過程で、ケアマネジャーは利用者やその家族、さらにはサービス事業者や地域の人々と接することになりますが、その際のアセスメントやケアプランの作成・実施の基盤として、そうした人々との信頼関係の形成が必要となります。しかし、どのようにかかわっていけばよいかについて明らかにした書籍はこれまであまり見たことがありません。それは実践の積み重ねから生み出されてくる側面が強いことから、刊行が難しかったといえます。

　本書では日々の実践から導き出された、ケアマネジメント過程を実際に進めていくうえでの「エッセンス」を凝縮しています。これらは、日々の実践のなかから見えてきたことを「エッセンス」として可視化したものです。そのため、本書は現場のケアマネジャーに対してケアマネジメント過程を遂行するうえで膨大なヒントを示唆し、ケアマネジャーが常に自らの業務を顧みる際に活用できる好著となっております。

　本書は、一般社団法人日本ケアマネジメント学会の「認定ケアマネジャーの会」の皆さんが筆をとり、自らの日々の実践のなかから明らかになってきたエビデンスを言語化し、そこから相談援助を進めていく「エッセンス」として導き出したものです。認定ケアマネジャーは、現在、主任介護支援専門員の更新要件の1つとされており、主任介護支援専門員の育成にも重要な社会的責任を担っております。そうした意味でも、本書はその使命を果たしているものとして評価してもらえるものと思います。本書を多くのケアマネジャーに手にとっていただき、それにより、ケアマネジャーの質の向上につながればと願っております。

2017年3月

一般社団法人日本ケアマネジメント学会
理事長　白澤政和

はじめに

　このたび、一般社団法人日本ケアマネジメント学会「認定ケアマネジャーの会」では、これまでのケアマネジャーの歩みと課題、将来への期待と今後のあり方などを踏まえ、実践者の立場からケアマネジメント実務のエッセンス（本質）を具体的に表した書籍を刊行いたしました。

　介護保険制度の創設以来、ケアマネジャーは、介護を必要とする高齢者の多岐にわたる生活支援の中心的な役割を担うとともに、虐待や認知症などの問題を顕在化させるなど、制度の普及と介護の社会化の進展に大きな役割を果たしてきました。

　今後、さらに進展する高齢化に対応して「地域包括ケアシステム」の構築が急務となっており、在宅支援の要を担うケアマネジャーの役割はますます重要となっています。

　こうしたなか、利用者の自立を支援し、生活の質を高めていくためのよきパートナーであり続けるためには、ケアマネジャー一人ひとりがケアマネジメント実務の「本質」を理解し、力量形成に磨きをかけていくことが不可欠です。

　しかしながら、身近に手本となるケアマネジャーのモデルがいない、長期的な視点をもって人材を育成する取り組みが機能していないなどの状況もあり、多くのケアマネジャーが、自らの実践に自信をもつことができないという現状があります。

　このため、国では、ケアマネジャーの専門性の確立という観点から、研修の強化を図るとともに、資格の更新制の導入や更新時の研修を義務づけるなどの見直しを行いました。

　ケアマネジャーの研修は、国が定めた要綱に基づき、都道府県が主体となって実施されています。ただし、具体的な中身については依頼を受けた講師に任されているため、講師の力量により受講者の理解レベル等には大きな差が生じていると思われます。残念ながら、研修を受けても、あまり理解できなかった、実践には役立ち

そうにないなどの声が聞かれることがあります。

「認定ケアマネジャーの会」では、このような現状を踏まえ、ケアマネジャーが実践に即してケアマネジメントのあり方を理解できるよう、具体的でわかりやすい手引書が必要ではないかと考えました。

そこで、今回、経験の浅いケアマネジャーのみならず熟練者も含め、明日からの業務にすぐに活用できるケアマネジメント実務の方法論について、実践者の立場から取りまとめるとともに、ケアマネジメントの本質について理解を深めるための書籍を編集することといたしました。

本書では、「認定ケアマネジャーの会」の熟練者が、「インテーク」から「アセスメント」「プランニング」「サービス担当者会議」「モニタリング」「自己評価・終結」までのケアマネジメントプロセスについて分担執筆し、「利用者の思いが輝く援助技術」について具体的に表記するよう努めました。

「思い」という言葉には、心配、回想、考え、感じる、想像、決意、願い、希望などいろいろな意味が含まれています。利用者の心配ごとや回想に耳を傾け、利用者と一緒に考え、感じ、想像していくことで、利用者は、自らの決意とともに願いや希望を実現する。そんな利用者の思いが輝くための援助技術は、まさに私たちが行うべきケアマネジメントのエッセンス（本質）なのではないでしょうか。

介護保険制度の行方を考えるほどにケアマネジャーは存在価値がますます高まり、たゆまぬ資質の向上に努めていくことが不可欠です。

本書は、本物のケアマネジメントを目指して実践を重ねるすべてのケアマネジャーに向けて、「認定ケアマネジャーの会」が贈る入魂の一冊であり、これからのケアマネジャーの力量形成とケアマネジメントの質の向上の一助になると確信しています。

このたびの刊行にあたり、日頃よりご指導をいただいています日本ケアマネジメント学会の先生方に厚くお礼申し上げますとともに、全編にわたり編集などに協力をいただいた佐賀由彦氏に感謝申し上げます。

2017年3月

執筆者代表　白木裕子

ケアマネジメントのエッセンス
利用者の思いが輝く援助技術
CONTENTS

刊行にあたって
はじめに

第1章 援助者の姿勢
何をよりどころに仕事をするのか

01 学ぶことの大切さについて …… 2
02 利用者と向き合う前に考えておきたいこと …… 4
03 自己決定を支える …… 15
04 私が理想とするケアマネジャー像 …… 23

第2章 インテーク
希望を感じる出会い

01 1度きりの出会い …… 26
02 信頼関係づくりを軸にインテークを考える …… 29
03 さまざまなインテーク …… 36

第3章 アセスメント
本人に語ってもらう

01 アセスメントって何だろう …… 48
02 アセスメントの進め方 …… 56
03 アセスメントについての2つの覚え書き …… 67

第4章 プランニング
「こんなことできたらいいな」を考える

01 利用者と一緒につくるケアプラン …… 70
02 利用者の「思い」や「気持ち」に添ったケアプラン …… 78
03 「ストレングス」はケアプランの屋台骨 …… 84
04 家族とケアプラン …… 92

第5章 サービス担当者会議
メリットの宝庫

- 01 サービス担当者会議の魅力を語ろう …… 100
- 02 実現したいこと──何を検討するのか── …… 103
- 03 タイミングで形はいろいろ …… 106
- 04 利用者中心型担当者会議の準備と開催 …… 114

第6章 モニタリング
問われるのはケアプランの適切さ

- 01 モニタリングが利用者にできる3つのこと …… 124
- 02 あらゆる場面でモニタリング …… 141
- 03 モニタリングの記録は、開示を意識しよう …… 147

第7章 自己評価・終結
支援の値打ちを振り返り、感謝する

- 01 自己評価は、利用者とあなたのために …… 152
- 02 10個の視点で「本人主体」を評価する …… 154
- 03 3つの終結 …… 163

第8章 援助関係と面接技術
「この人には話していい」と感じてもらう

- 01 ケアマネジメントは関係づくりが勝負 …… 172
- 02 意識的に面接をデザインする …… 175
- 03 援助に効果的な面接技術を身につける …… 181
- 04 援助関係の土台は協働作業 …… 196

編集・執筆者一覧 …… 199

第 1 章

援助者の姿勢
何をよりどころに仕事をするのか

01 学ぶことの大切さについて

02 利用者と向き合う前に考えておきたいこと

03 自己決定を支える

04 私が理想とするケアマネジャー像

01
学ぶことの大切さについて

01 利用者の幸せを求めて

　認定ケアマネジャーの会の研修会で、長年スーパービジョンを教えてくださった故・野中猛先生に、サインをお願いしたことがあります。先生は著作本の表紙をめくり、「心に愛を」と書いてくださいました。その言葉を、私は「援助者の姿勢」と読み取りました。「利用者のために専門職としてのぶれない基盤をしっかりとつくりなさい」という教えではないかとも考えました。先生は、ケアマネジメントの本質について、「知恵を出し合って人を幸せにすること」という趣旨のことをおっしゃっていました。事例検討会で、「利用者の幸福」を徹底して追求される先生の姿が今も脳裏に焼き付いています。

　私たちケアマネジャーには、利用者の幸せを実現するために、スキルを磨き続ける使命と責任があるのだと、私は考えています。

02 援助者としての私の物語

　私は、介護保険のスタートと同時に在宅介護支援センターでケアマネジャーとして仕事を始めました。新しい制度への期待とともに、相談援助の専門職に就くことができたという喜びに包まれました。しかし、振り返ると当時の私は、制度が定めたケアマネジャーとしての仕事をこなすことに精一杯で、利用者の気持ちに落ち着いて向き合う余裕はありませんでした。

　表面的にはうまく行っているようなケースのなかにも心にひっかかるものがあり、「私は利用者の役に立っているのだろうか？」と真剣に悩み始めました。「職業

としての相談援助とは何なのだろうか？」と自問する日が続きました。やがて、「それらは簡単に答えを見出せるものではなく、自分で学び、実践を深めることでわかってくるのではないか」と考えるようになりました。

　そんな私を支えてくれたのが、ケアマネジャー同士の学びの場であり、医療など自分とは違う領域で実践を積み重ねている人たちでした。また、「これでよかったのだろうか」と壁にぶつかるたびに、事例検討会を通して自分の支援を振り返ったり、専門書を読み返すことで理論や基本に立ち返ったりしました。

　バイブルのような専門書に巡り合えたことも私の支えでした。私のバイブルは、奥川幸子『身体知と言語──対人援助技術を鍛える』[1])と渡部律子『高齢者援助における相談面接の理論と実際』[2])です。今でも線を引きながら、幾度となく読み返しています。この2冊の本は、迷路に迷い込んだ私を何度救い出してくれたことでしょうか。もちろん、相談援助職のバイブルは人それぞれに違います。自分の心にピッタリとあった1冊を見つけてほしいと思います。

　利用者を理解することは簡単ではありません。相談援助の世界に「これだ」という絶対的な答えはないかもしれません。でも、学び続けることでしか、利用者の幸せの実現に近づくことはできないのだと思います。

　渡部律子氏は「専門性の高い仕事というものには、その基礎となる価値・倫理、そして専門性を支える知識が存在しなければなりません。しっかりとした理論や知識の裏づけのあるケアマネジメント実践を行うことがクライエントの満足につながるはずです」[3])とケアマネジャーが専門性を高める意味を述べています。

　人が人を職業として援助するためには、「よりどころ」となるものが必要です。「価値観・倫理」「知識」「技術」がその3つの要素だといわれています。野村豊子氏は、「価値観・倫理は、知識や技術を牽引し高めていくための『エンジン』にあたるのではないかと考えています」[4])と言っています。エンジンとは原動力。この章では、3つの要素の中核となる「価値観・倫理」について考えていきたいと思います。

02 利用者と向き合う前に考えておきたいこと

01 自分の価値観を知る

1 価値観について

　価値観とは、ものの見方・考え方・感じ方です。好きか嫌いか、善か悪か、美しいか否か、意義があるかないかなどを判断するときの基準になるものです。自分の価値観に基づき行動することで個性が生まれます。個性は、「その人らしさ」などともいわれます。

　私たちケアマネジャーの仕事は、利用者と向き合い、個々の価値観を尊重し、利用者がその人らしく生きられるように援助を組み立てていくことです。それを実現するために、ぜひ考えてもらいたいことがあります。

　利用者それぞれに価値観があるように、援助者である私たちにも価値観があるということです。価値観は、知らず知らずのうちに身についているもので、じつは、援助者自身の価値観が、利用者らしさを見る目を曇らせ、利用者に対する先入観や偏見（バイアス）となることがあるのです。1つのエピソードを紹介します。

エピソード1：困った人は誰？

　認知症が進行してきた父親と精神疾患の息子さんが2人で暮らしていました。父親は要介護3。私は父親のケアマネジャーです。

　自宅には物が散乱し、長年掃除をしていないのでしょうか、部屋はとても汚れていました。父親は何を言ってもにこにこし、「息子が世話をしてくれるのでうれしい」と返します。私は認知症と息子さんの病気のために家が汚れているのだろうと思い、ヘルパーによる自宅の片づけや居室の掃除などを提案しま

した。ところが、息子さんの強い拒否にあいました。「なんて困った息子さんだろう。きれいな部屋で生活すれば気持ちがいいのに！」と強く感じました。

ところが、私がごみだと思っていたものは、亡くなった母親の洋服やバッグなどだったのです。息子さんが精神疾患を発症した時期は母親が亡くなった頃だとわかりました。

拒否する息子さんを心の中で「困った人」（困難事例）ととらえていましたが、困った人は私自身でした。しっかりとアセスメントすることなく、私の価値観や一方的な思い込みから、「私が考える望ましい生活はこれだ」という判断をしてしまったのです。私は、きっぱりと「NO」と言ってくれた息子さんに感謝するとともに、2人にお詫びし、お節介な提案を取り下げました。

その後、息子さんは自分の心の内をぽつぽつと話してくれるようになりました。認知症の症状が出ている父親の介護に戸惑いを感じること、男所帯の生活の様子、父親との晩酌が1日の楽しみであること、自分の病気のことなど…。息子さん自身も心の

病を抱え、生きづらい人生を歩んできたのです。やがて息子さんは「もう少し部屋を片づけ、きれいな部屋で父親と暮らしたい」と言いました。さらに、「父親をデイサービスに通わせ、好きな風呂に入れてあげたい」という申し出もありました。その後は、デイサービスのスタッフをはじめ、多くの関係者でこの家族を見守りました。

2 ▶ 個人を大切にする

利用者の価値観を大切にするということは、利用者を唯一無二（ただ1つだけで2つとないこと）の存在として接することです。バイステックは、「援助関係を形成する7つの原則」の1番目に「クライエントを個人としてとらえる（個別化）」をあげました[5]。個別化の原則を簡単に紹介しますが、「クライエント」は「利用者」、「ケースワーカー」は「ケアマネジャー」に読み替えると、実際の仕事のイメージが湧きやすいと思います。

バイステックは、「クライエントが、ケースワーカーから個人として認められていると感じたり、自分の問題を理解されていると感じられるようになれば、彼は援助関係（援助する側とされる側の関係）に参加してくるだろう」と個別化の重要性を強調しています。

また、「ケースワーカーはある種の人々に対して偏見をもってしまうことがある」と述べ、「偏見や先入観から自由になること」は、個別化の前提条件であるとしています。

エピソード1での私の経験は、利用者や家族を、他の誰とも違う「大切な個人」としてとらえることの重要性を教えてくれるものだったのです。

奥川幸子氏は、「一見、同じように見える認知症の高齢者でも一人ひとりの『身体とこころに刻印された経験の総体』が違うので、精神症状や問題行動とみなされている症状が認知症高齢者個々人にとってもつ意味は異なってきます」[6]と個別的理解の重要性を述べています。

私たちケアマネジャーは、認知症や精神疾患といった表面に現れている障がいというフィルターを一度外し、その奥に横たわっている「個人」を深く見つめる必要があるのです。

3 ▶ 自分自身を理解する（自己覚知）

　「個人」を曇りのない目で見つめ、偏見や先入観から自由になるためには、何が必要なのでしょうか。それには、自分自身の「ものの見方・考え方・感じ方」を知っておくことが必要です。それを「自己覚知」といいます。

　例えば、事例検討会やケアカンファレンスなどで、「家族が協力的でないので困る」といった言葉をよく耳にすることがあります。この言葉の背景には、「家族は介護をする（介護に協力する）のが当たり前」という考え方があるのではないでしょうか。一般的に見れば、そのように思っている人は多いのかもしれません。しかし、さまざまな個別の事情から、「介護ができない」「世話をしたくない」と思っている家族がいても不思議ではありません。

　私たちは、生まれてから今日までさまざまな家庭や社会という環境のなかで生きてきており、家族のありよう、人間関係、経済状態は異なります。そうした環境で身についた、「ものの見方・考え方・感じ方」は、人それぞれに異なっています。

　自分の常識とは異なる人、自分の価値観とは違う人と一緒に歩むのもケアマネジャーの仕事です。日常生活では、考え方の異なる人とは距離を置くこともできるでしょう。でも、専門職として仕事をしていく以上は、生き方や価値観が自分とは異なっていても、まずはそれを受け止めて、理解できなければなりません。

　そのためには、自分はどんなことが素晴らしいと思うのか、許せないと思うのはどんなときか、好きな人、嫌いな人などを知っておく必要があります。自分を知っていれば、利用者を自分の価値観で評価したり、利用者に自分の価値観を押しつけたりしようとしている「自己」を発見することができます。

　とはいうものの、自分が担当する利用者や家族の考え方や価値観が、どうしても理解できない場合もあるでしょう。そのような場合、無理に担当を続けるのではなく、職場内の上司などと話し合い、利用者の合意を得たうえで、引き継ぎを行うことも必要でしょう。無理に続ければ、利用者や家族に迷惑がかかるだけではなく、自分自身も傷ついてしまいます。

　ただし、ケアマネジャーの価値観を優先する場合があります。例えば、利用者が自分自身の命や財産をないがしろにしてしまう考え方や行為、または、利用者や家族が他者を傷つけてしまう言動や行為などがあげられます。

渡部律子氏は、「対人援助に要求される姿勢・知識・技術」の中心に「自己覚知」を置き、「『自分自身を知る』ということは、対人援助職をして、よりよい仕事ができるかどうかの基本となります」[7)]としています。

　自分を知る手立ての1つとして、「援助職に見られがちな性質の傾向（性向）」をリストアップしてみましょう。そのどれもが、利用者との関係にマイナスの影響を及ぼすものばかりです。

　大切なことは、「今どういう自分が出ているのか」を自覚し、コントロールしていくことです。とはいえ、自己覚知の難易度は高く、職場内での相談体制やスーパービジョンの体制があるとよいでしょう。

援助職に見られがちな性質の傾向
- 自分の経験話や家族の話をいつも利用者や家族にしたくなる。
- 自分の家族などとよく似た利用者に出会うと特別な感情が湧き上がる。
- 困っている人がいると家族のように思え、必要以上のお世話や訪問、電話をしてしまう。
- 私生活での悩みが心にひっかかり、面接が上の空になる。
- 利用者が自分の考えたスケジュールどおりに動かないとイライラする。
- 正しい（と思う）ことを主張したり、説教したくなったりする。
- 「私にお任せください」と言ってしまう。

02　職業倫理なしでは仕事はできない

　職業倫理は専門職として仕事をしていくうえでの行動規範です。行動規範とは、行動する際に、何をすればよいのか、何をしたら悪いのかといった判断の基準になるものです。ケアマネジャーは、何を判断の基準とすればよいのでしょうか？

　私は、「社会がケアマネジャーに求めるもの」なのではないかと考えています。この章の冒頭で、「利用者の幸せを実現することがケアマネジャーの役割」という旨のことを書きました。私は、それが、社会がケアマネジャーに求めている行動規

範だと思います。「ケアマネジャーとかかわったら幸せになれた」。それがすべての利用者に対してのケアマネジャーの職業倫理なのだと思うのです。

1 ▶ 利用者の力を信じる（人権の尊重）

エピソード２：利用者の大いなる力

　木村さん（仮名）は一人暮らしで80歳の男性です。骨折して急性期の病院に入院しました。ところがすぐに「家に帰りたい」と点滴をつけたまま病院を抜け出そうとし、病院から即日退院するように言われてしまいました。周囲の言うことを聞こうとしないこともあり、「認知症」と診断されました。

　遠方に住む家族は困り果てて、今度は家から遠く離れた病院に転院させました。その間に家族はもう自宅には戻らないだろうと家財道具を処分し、マンション売却の検討を始めました。しかし、ここからすごいことが起こりました。

　なんと木村さんは、病院から毛布一枚を持ち、つなぎの寝巻のままタクシーで自宅まで帰ってきたのです。私が初めて木村さんに出会ったのはその次の日でした。

　「僕は家で生活する。野垂れ死んでも構わない。自分で責任はもつ。自由に暮らしたい。誰も僕の話を真剣に聞いてくれなかった」

　それが第一声でした。家財道具もなくガランとした部屋の真ん中に、毛布にくるまって話す木村さんの口調はしっかりとしていました。自分の力を信じ、自分の人生をあきらめなかったのです。私も木村さんの力を信じ、明日からの

暮らし方を木村さんと一緒に考え始めました。それからの木村さんは、ヘルパー、往診、訪問看護などのサービスを受けながら自宅で自分らしく生活しました。そして2年後、自宅で家族に看取られながら、穏やかな最期を迎えました。

　私は、断固とした行動をとった木村さんから、どんな逆境にあっても、自分の人生の可能性をあきらめないことの尊さを学びました。同時に、ケアマネジャーとして「利用者の権利を守るとはどういうことか」を常に自分に問いかけるようになりました。安全を考えればリスクは多数ありました。這いながら部屋を移動する姿に、「本人の尊厳は守られているのだろうか？」と悩むこともありました。

　「このままでいいのですか？」と木村さん自身に問うたこともありました。木村さんは、「これがいいのや」と言いました。重く響くひと言でした。

　人権や権利の守り方は一人ひとり異なります。ケアマネジャー一人の判断では難しい場合もあります。私の場合は医師やケア関係者、家族や行政関係など多職種でのケア会議をたびたびもち、チームとして、援助方針や目標の共有を行い、いざというときの対応方法も検討しました。チームメンバーの誰もが、リスクを覚悟したうえで、木村さんの意思を尊重するケアを提供することができたのです。

　人権の尊重は、利用者を一人の「自立した人」として見なすところからスタートします。障がい・老い・認知症のフィルターを外して利用者を見ると、そこには、豊かな心をもった一人の「人」が現れます。そのフィルターを外す作業を行うのが、相談援助の専門職であるケアマネジャーなのだと思います。家族や周囲の人が、いや、本人ですら見えづらくなっている利用者の力をケアマネジャーなら見ることができるのです。

2 ▶ 魂の叫びを聴く（尊厳を支える）

　「ソーシャルワーカーの倫理綱領」（日本ソーシャルワーカー協会、2005）の「価値と原則」には、「ソーシャルワーカーは、すべての人間を、出自、人種、性別、年齢、身体的精神的状況、宗教的文化的背景、社会的地位、経済状況等の違いにかかわらず、かけがえのない存在として尊重する」と掲げられています。ケアマネジャーも同じ相談援助職として、人間の尊厳を支える職業倫理を有しています。

エピソード3：「怖い人」

　役所からの依頼で、アルコールや借金問題、自殺未遂を繰り返す70代の一人暮らしの女性の山口さん（仮名）を担当しました。認知症の症状も出ているようです。訪問するとドアの隙間から「帰れ！　帰れ！」「嫌いや」と言うばかりで、家の中に入れてもらえません。髪の毛や服装も汚れていて入浴もしていない様子です。近所の人から「怖い人」と苦情が出るようになりました。

　サービス拒否、受診拒否が続き、時間だけが経過します。私は「何とかしなければ」と焦りましたが、一方で、「本人の人生だからしょうがない」と心の中で言い訳をしていました。ただ、罵声を浴びながらも、玄関先までの訪問は定期的に続けていました。

　相手も根負けしたのでしょうか、やっと家の中に入れてもらえ、ぽつぽつと話をしてくれるようになりました。最初の訪問から半年が過ぎていました。やがて、彼女の口から、幼い頃に両親と別れたことや、成長し母となった後、今度は自分の子どもとも引き離されたことなど、壮絶な生きざまが語られました。その話から、本人の心の中にある底知れない孤独感が伝わってきました。同時に、逆境の連続のなかでも生き抜いてきた力を感じとりました。「帰れ」というのは、じつは「助けて」という魂の叫びではないかと思うようになりました。

身なりもかまわず、コップ酒を飲みながら「死にたい」という姿は、本人の尊厳が守られているとは言い難い状況です。私は、「環境が変われば、この人は変わるような気がする」と強く思いました。この場合の環境とは、孤独を解消するための人と人とのつながりです。私は、本人の可能性を信じて、行政や医師やケアチームと話し合いを重ねました。そして、本人と一緒に考え、施設入所を選ぶことになりました。
　数か月後、山口さんは施設職員に付き添われ、私の事務所を訪ねて来てくれました。もう、あの山口さんではありません。こざっぱりとおしゃれをし、笑顔をうかべて話をしてくれました。その輝く表情を見たときに、施設職員から大切にされ、山口さんが自らの人生を選び生きている様子がうかがわれました。

　考え方や文化が異なっても、障がいがあってもなくても、貧しくても裕福でも、一人ひとりが、かけがえのない人生を歩いています。私たちが出会う利用者も、人それぞれの歴史のなかで年月を積み重ね、現在の暮らしにたどり着いたのです。家族から愛想を尽かされた人、貧困や多重債務で苦しんでいる人、「ごみ屋敷」に住んでいる人、罪を犯した人もいるかもしれません。しかし、人間の尊厳は、そういった個々の事情とは別次元で存在します。すべての人は、人として生まれ、生き

ているだけで価値がある存在です。ケアマネジャーの役割は、利用者が心身面、社会面でどのような事情を抱えていても、人間としての尊厳を徹底して支え抜くことだといえるでしょう。

3 ▶ これがあるから面接ができる（秘密の保持）

　ケアマネジャーは利用者と家族の「個人情報」を知り得る立場にあります。そのなかには家族関係、生活歴、病歴、家計などについて、他人には知られたくない内容も含まれています。どのような理由でその情報が必要なのかを利用者に説明し、同意を得られてから聞いていくようにします。「お聞きした情報は、必要時以外、絶対に他言はしません」などと伝えることも必要でしょう。利用者との信頼関係づくりは、秘密を守る「守秘義務」から始まります。

　ここで、守秘義務は誰にとって必要なのかを考えてみましょう。秘密が外に漏れないという点から見れば、利用者や家族のためにあります。では、ケアマネジャーにとってのメリットはないのでしょうか。じつは、大いにあるのです。

　私たちは守秘義務があるから、個人情報を正々堂々と聞くことができるのです。利用者は守秘義務があるから、出会ったばかりの他人に個人情報を教えてくれるのです。例えば、「収入がどの程度あって、そのなかで介護に回すことができるのは、これくらい」などという情報を知らなければ、家計を考慮したケアプランを提案することはできません。守秘義務のある専門職同士で利用者の健康や疾病に関する情報を共有しなければ、利用者の命を守ることはできません。

　守秘義務は、私たちがよりよい仕事をするためにもあるのだということを知っておいてほしいのです。

4 ▶ 職業倫理はときには法や制度を動かす（職業倫理と法制度）

　ケアマネジャーは、介護保険法に位置づけられた専門職です。行うべき業務は、細部まで法律に定められています。ただし、制度改正のたびに法や制度は複雑化し、「あれ？　運営基準のどこに書いてあったかしら」などと探すのにも時間がかかる場合や、地域によって法や制度の解釈や可否の判断が異なることもあります。とはいえ、法令遵守は、ケアマネジャーに課せられた義務であり、法や制度に精

通しておかなければ、利用者の利益ばかりか、自分の身を守ることもできません。

　また、介護保険以外にも、「障害者の日常生活及び社会生活を総合的に支援するための法律（障害者総合支援法）」「生活保護法」「高齢者虐待の防止、高齢者の養護者に対する支援等に関する法律（高齢者虐待防止法）」ほか、法制度が業務に関連してくることもしばしばです。一人のケアマネジャーがそのすべてに精通することは難しいでしょう。行政、地域包括支援センター、医療や障がい分野の関連機関や人、弁護士などの法律の専門家、ケアマネジャー仲間などと相互に情報交換や相談ができる関係（ネットワーク）を整え、利用者の援助に必要な法や制度を的確に知ることのできるしくみをつくりたいものです。

　ここで、法や制度の情報交換や相談を上手に行うためのこつを紹介します。それは、あなた自身が介護保険制度のエキスパートになることです。医療・障がい・法律関係の人々は、介護保険に精通しているわけではありません。そこで介護保険制度については、あなたが情報提供したり、相談に乗ったりするわけです。情報がほしいときは、こちらから質の高い情報を発信すること。これは情報交換の鉄則です。ネットワークは、もちつもたれつの関係でより活性化してくるのです。

　ここで、職業倫理と法や制度の関係について、考えてみたいと思います。

　両者に共通するのは、私たちの行動や判断を律するものであるということです。では何が違うのでしょうか。

　法（法や制度）は、社会秩序を維持するために国家などの統治権力が国民に強制する規範です。表面的な行動を律するもので、極端な言い方をすれば、心の中で何を考えていようと行動に違法性がなければ処罰の対象にはなりません。

　一方、職業倫理は、専門職が社会的な使命を果たすために職能団体などが掲げる行動の規範です。内面的に行動を律するもので、対人援助職であれば、利用者の尊厳や利益の実現などを目的とします。職業倫理は、専門職の「心のよりどころ」ともいえ、専門職の行動の原動力となるのです。

　したがって、法や制度を守ることは大前提ですが、法や制度が利用者の尊厳や利益を脅かすものであれば、私たちは、法を変える、または法の柔軟運用を要求するなどの行動を起こす必要があるのだといえます。いわゆるソーシャルアクションであり、それが両者の関係です。

03
自己決定を支える

01 問題を解決するのは誰だろう

　ケアマネジャーが出会う利用者には、「暮らしにくさ」が横たわっています。暮らしの主人公は、もちろん利用者本人です。「その人らしい暮らし」を実現するためには、主人公である利用者が「暮らしやすさ」に向けて、いくつかの自己決定をしていかなくてはなりません。

　岩間伸之氏は、「対人援助とは、援助者との援助関係のなかで本人自身が自分の問題を解決していくための取り組みでなければならないはずである」とし、「本人はその本人の人生を生きるしかない」と言っています[8]。

　この観点からケアマネジャーの仕事を考えると、次のようになるでしょう。

> **問題解決に向けたケアマネジャーの役割**
> 　ケアマネジャーは、利用者と一緒に問題を整理し、利用者本人の問題解決力を呼び起こしたり、介護サービスなどの情報提供を行ったりしながら、問題を解決する方法を利用者と一緒に探す。また、利用者が解決法を選び取り、自己決定するための支援を行う。

　利用者は、そうした援助を受けて、問題の解決に向けての歩みを始めるのです。

02 自己決定について考えておきたいこと

1 ▶ 利用者は、自己決定できる人たちである

　高齢者は、長い人生のなかで幾度となく試練を乗り越えながらここまでたどり着き、「今」を生きています。その歩みのなかで、利用者は自己決定を繰り返してきました。

　ただし自己決定は、問題に直面したり、人生の岐路に立ったりしたときにだけ行われるものではありません。例えば、利用者の自己決定をみてもさまざまなレベルがあります。

　どの介護サービスを使うか、手術を受けるかどうか、子どもと同居するか一人暮らしを続けるか、施設に入るか在宅生活を続けるか、何を食べるか、何を買うか、何を着るか、どんな化粧をするか、どこへ行って誰と会うか、孫に小遣いをいくらやるか…。

　こうした自己決定の重要度は、人それぞれに違います。人生の岐路における自己決定が重要なのはいうまでもありませんが、日常生活におけるさまざま自己決定が、「自分らしい暮らし」の維持・実現のために欠かせないものとなっている場合も少なくありません。

　岡田進一氏は、「生活コントロール感（利用者が自分自身の生活をコントロールできるという感覚）を実感している利用者は『いきいきとした生活』をすごすことができる」と言い、「生活コントロール感を保つためのひとつの方法が、利用者の自己決定を促し尊重すること」[9]としています。

　援助者として忘れてはならないのは、すべての人は何らかの自己決定を繰り返しているという事実です。つまり、「利用者は自己決定ができる人」なのです。たとえ認知症があっても、できることはたくさんあります。自己決定もまた同じです。

　とはいえ、人はいつも適切な自己決定ができるわけではありません。場合によっては、判断に時間を要したり、迷い悩んだり、冷静な判断が難しくなることがあります。

2 ▶ 自己決定のためには何が必要か

　食事のメニューを決めることができるのは、料理の姿を知っていて、味の想像がつくからです。今日着る服を決めることができるのは、服のもつ保温性がわかり、服を着た自分をイメージできるからです。では、介護サービスの利用を決めるときはどうでしょうか。

　例えば、デイサービス。そもそもデイサービスが何をするところかわからなければ決めようがありません。どのような場所で、どのような人が、どのように過ごしているのか。行けば、どのようなよいことがあるのか。行かなければ、どのような不都合が起こるのか。どのような決まりごとがあって、どのようなことを我慢しなければならないのか。他のデイサービスと比べるとどうなのか…。そのようなことがわかってはじめて、納得のいく自己決定ができるのではないでしょうか。自己決定には、決めるための材料が必要です。

3 ▶ どんなときに自己決定が難しくなるのか

　自己決定の支援の方法を考えるにあたって、どんなときに自己決定が難しくなるのかを整理してみました。

自己決定が難しいとき

- 情報がない、または少なくて、判断ができない
- 比べるものがない
- 決定後にどうなるのかがイメージできない
- 難しすぎて決められない
- どれを選んでもつらい

　こうした状況を一つひとつ手当てしていくことが、自己決定の支援になります。
　同時に、自己決定およびその後の実行が楽なものばかりではないことを知っておく必要もあります。
　岡田進一氏は、ケアマネジャーは、利用者が自己決定を行うことの大変さや、実行に移すことはかなりのエネルギーが必要なことに共感的な理解をすることが大切

としたうえで、一歩ずつゆっくりと自己決定を促し、自己決定の内容の実行について支援を行うことが必要と述べています[10]。

以上を踏まえ、自己決定の支援の方法を考えていきましょう。

03 自己決定の支援に必要なこと

1 ▶ 利用者に情報を「手渡す」

「手渡す」という行為は、自分の手から相手の手に直接渡すことで、送り手と受け手の意思を通わせることができます。情報も「手渡す」感覚で提供すれば、情報の送り手であるケアマネジャーは、受け手である利用者の反応を確かめながら、丁寧に情報を届けることができます。先にあげた"自己決定が難しいとき"を思い出しながら、どのように情報を手渡せばよいのかを考えていきましょう。

自己決定につながる情報の手渡し方

● **相手の力を信じて、手渡す**

　認知症があっても、コミュニケーションに障がいがあっても、すべての人は何らかの形で自己決定をすることができます。まずは本人に向かって、説明を尽くしましょう。

● **理解しやすい形で、手渡す**

　理解しやすい言葉で、例えば、利用者の理解する力に応じて専門用語を避けたり、可能なら資料や写真などを添えたりしながら、情報を伝えましょう。

● **選ぶことができる形で、手渡す**

　比較できるよう複数の選択肢を用意しましょう。その際、選択肢ごとの特徴（何が違うのか）をわかりやすく伝えます。なお、提案するすべての選択肢は、利用者の利益にかなう必要があります。ただし、「選んだのは利用者だから」という自己責任論は、援助者の責任放棄です。

● **決定の先にあるものを示す**

　それを選べば、どのようなよいことがあるのかを、選ばなければどうな

> るのかと併せて伝えましょう。よいことばかりではなく、決まりごとや負担することなども説明します。
>
> ●**受け取った情報が理解できたかどうかを確かめる**
>
> 手渡した情報が理解できたかどうかを、表情や言葉で確かめましょう。うまく伝わっていないようだと感じたら、伝え方を変えるなど、相手に届く方法を探りましょう。
>
> ●**急がせない、焦らせない**
>
> 自己決定には、迷い、揺れる時間が必要なときがあります。自己決定の時期を遅らせることが健康上の重大な問題になる場合などを除き、迷い、揺れる時間に付き添いましょう。
>
> ●**一緒に悩み変更できることを伝える**
>
> どれを選んでもつらい決定になる場合もあります。そんなときは、一度手渡した情報を利用者とともに見つめ、一緒に悩みながら、「より少ないつらさ」を探しましょう。また、やってみて不都合があれば、決定はいつでも変更できることを伝えましょう。

このように細心の注意を払いながら情報を手渡すことで、納得のできる自己決定に一歩ずつ近づきます。

とはいうものの、提案したサービスを選ばないなど、「利用者の利益」の面から考えて、必ずしも「望ましい決定」ばかりとは限りません。そんな場合でも、頭から否定したり、ケアマネジャーがよいと思う方向に導くように意図的に情報を操作したりすることは禁物です。丁寧な情報提供を尽くしたうえでの自己決定なら、それを尊重するのが原則です。その自己決定が、利用者の不利益を招くおそれがある場合は、不利益がより少なくなる方法を提案するなど、根気強く支援を続けます。

2 ▶ 利用者の「力」を支える

自己決定の支援では、利用者が自己決定する力を見積もったり、その力を呼び起こしたりすることが必要になってきます。私のこれまでの経験では、「利用者は見た目以上に自己決定する力をもっている」というのが実感です。

エピソード4:「一人では何もできない」と言う利用者

　依存心がとても強く、「一人では何もできない。自立という言葉が一番嫌いだ」と言う男性利用者がいました。「不安」の訴えもしばしばでした。ヘルパーも「甘えてばかり」と男性を評価していました。自己決定の場面でも迷うことが多く、「本人の自己決定をどのような方法で支えればいいのか」を考えるために、私は、事例検討会にその事例を提出しました。

　検討会で援助関係を検証していくにつれ、男性が依存心とともに人としての強さを併せもっていることに気づいていきました。同時に、援助の目標を「精神的自立」に置いていた私が、自立や自己決定を利用者に押しつけていたのかもしれないということもわかりました。じつは援助の最中、その男性はがんの告知を受けたのですが、びっくりするほど冷静に告知を受け止めました。そして、誰の助けも借りず、これからの生活の目標を自分自身で設定し、生活のあり方をコントロールする力を発揮したのです。

　男性利用者と私の援助関係が、ある日を境に変わり始めたこともわかりました。それは、男性ががんの告知を受けたと聞いたので、「今日は、利用者の話をゆっくり聞こうかな」と思って訪問したことがきっかけになったのでした。それまでの「依存心の強さを改めたい」という見方を、その日の私は脱ぎ捨てていたのです。

　このエピソードは、自立や自己決定の押しつけをやめた途端に、援助関係が変わり始めたという例でした。もう1つエピソードを紹介しましょう。

エピソード5:認知症がある利用者の力

　認知症で一人暮らしの女性を担当しました。自宅には物やごみが積み上げられており、近隣から苦情が寄せられていました。本人も今後の生活に不安を抱えていました。

　女性は、「これまで何でも自分で考えて決めてきた。これからもそうしたいので相談にのってほしい」と話しました。私は、その言葉の重みを受け止め

ず、「認知症がある利用者の一人暮らしを支えるにはどうしたらよいのか」ということに気を取られていました。例えば、「身の回りがきれいになれば近所からのクレームも少なくなるだろう。生活の立て直しのためのヘルパーサービスがまず必要なのではないか」などと考えていたのです。

　しかし、女性の思いは、それとは違いました。自分の未来のために、これからの住まいのことや暮らし向きのことなどいくつかの決断をしないといけないと考え、その相談サポートを求めていたのです。それが女性の「力」だったのです。そのことに気づいた私は、成年後見制度を紹介しました。女性は今、後見人といろいろな相談をしながら、自分で選んだケア付きの住宅で過ごしています。

　自己決定力を回復したり、強化したりする援助の方法の1つが「エンパワメント」です。エンパワメントとは、利用者を勇気づけたり、元気づけたりすることで、サリービーは、「エンパワメントは長所思考である」[11]としています。

> **サリービーの長所思考**
> ・生活と闘いながらも、誰にでも生活を改善する長所がある。臨床家はこの長所とクライアントが望む方向を尊重すべきである。
> ・クライアントが自分の長所を述べるたびにその長所を強調すると、クライアントの意欲が増す。
> ・長所を見つけるにはクライアントと援助者も協力が必要である。熟練した臨床家であれば、クライアントの生活改善に必要なことについて、最終的にクライアントに決めさせる。
> ・クライアントの長所に目を向けると、臨床家はクライアントを審判したり非難したりせず、どれほど大変な状況でも、クライアントが困難を切り抜けてきた方法を理解しようとする。
> ・どれほど厳しい状況であっても資源は必ず存在する。
>
> 『解決のための面接技法──ソリューション・フォーカストアプローチの手引き 第4版』8頁[11]

3 ▶ 社会的な信用を維持する（公平性と中立性）

　自己決定の支援の最後に、「公平性と中立性に基づいた情報提供」の重要性について触れておきます。公平性と中立性とは、常に利用者の立場に立ち、特定の事業所に偏ることがないように情報を提供することです。

　多くの居宅介護支援事業所は、併設のサービスをもっており、なかには所属機関からの系列サービス利用を求められることがあるかもしれません。しかし、自らの「職業倫理」の観点から、利用者の利益を最優先した情報提供を行わなければなりません。ニーズに応じた複数のサービス機関を公平で中立な立場から提案し、利用者の選択を求めるプロセスが必要です。

　万一、特定の事業所に偏って紹介をしたり、特定の事業所の利益を上げるために、利用者にとって不必要なサービスを勧めたり、必要以上のサービス量を提供したりすれば、ケアマネジャーの社会的な信用は一気に崩壊し、その修復には膨大な手間と時間を要することになります。

04
私が理想とする
ケアマネジャー像

第1章 援助者の姿勢──何をよりどころに仕事をするのか

　この章の結びとして、私が尊敬しているある女性ケアマネジャーのことを書きます。

　その女性は、どんな利用者の方に対しても「あなたがこれまでの人生で大切にされてきたこと、大変な状況も乗り越えてこられたこと、とてもよくわかります」と具体的に言葉で伝えます。家族にもねぎらいの言葉をかけます。それらは、とってつけた褒め言葉ではなく、自然と湧き上がる気持ちからの言葉なので、相手の心に素直に届きます。

　彼女の感謝の姿勢は、一緒にかかわるサービス事業所や他の職種の人についても

同じように向けられます。「あなたが、このように動いてくださったから、これだけ早く、よい状態になりました。ありがとうございました」など、言葉にして伝えます。どれだけ忙しく仕事に追われても、対等で丁寧な対応を続けます。一方、利用者を軽んじる発言などには、毅然とした態度で臨む強さもあります。

彼女の相談援助者としてのぶれない姿勢は、職業倫理によって支えられていることを皆が肌で感じています。彼女は、医療や他の専門職からの信頼も厚く、彼女の周りには、利用者の利益のために話し合い、力を合わせることのできるチームが次々に誕生します。

私は、人を敬う姿勢や謙虚な態度は、ケアマネジャーにとって最も大切なものだと思っています。

引用・参考文献
1）奥川幸子『身体知と言語――対人援助技術を鍛える』中央法規出版、2007年
2）渡部律子『高齢者援助における相談面接の理論と実際』医歯薬出版、1999年
3）渡部律子『ケアマネジャー＠ワーク「人間行動理解」で磨くケアマネジメント実践力』中央法規出版、21頁、2013年
4）野村豊子「業務を牽引するエンジンとして」『ケアマネジャー』第13巻第6号、2011年
5）F・P・バイステック、尾崎新・福田俊子・原田和幸訳『ケースワークの原則 新訳改訂版――援助関係を形成する技法』誠信書房、33～55頁、2006年
6）前掲書1）、216頁、2007年
7）前掲書3）、24頁、2013年
8）岩間伸之『支援困難事例と向き合う――18事例から学ぶ援助の視点と方法』中央法規出版、155～156頁、2014年
9）岡田進一『ケアマネジメント原論 ――高齢者と家族に対する相談支援の原理と実践方法』ワールドプランニング、65頁、2011年
10）前掲書9）、78頁、2011年
11）P・ディヤング・I・K・バーグ、桐田弘江・住谷祐子・玉真慎子訳『解決のための面接技法――ソリューション・フォーカストアプローチの手引き 第4版』金剛出版、8頁、2016年

第 2 章

インテーク
希望を感じる出会い

01 1度きりの出会い

02 信頼関係づくりを軸にインテークを考える

03 さまざまなインテーク

01
1度きりの出会い

　インテークとは、ケアマネジメントプロセスの最初の段階で行う面接です。「インテーク面接」ともいわれます。インテークは「受け入れ」の意で、日本語でいえば「受理面接」です。インテーク面接は複数回行われることもあり、最初に行われる「初回面接」をインテークということもあります。

　「電話がかかってきて」「自宅を訪問して」「利用者の入院・入所先で」「家族が事業所にやってきて」など、場面はさまざまです。

　いずれにせよ、利用者との最初の出会いは、後にも先にも1回きり。人と人との関係づくりは「出会い」がすべてではありませんが、最初につまずくと良好な関係をつくるのにとても時間がかかったり、初回の誤解が後になって頭をもたげたりすることがあります。

　何よりも、ケアマネジャーと利用者に最も必要な「援助関係」の形成がいびつな方向へと進むおそれがあります。例えば、依存的な関係になったり、指導的な関係になったり、敵対関係になったり…。そうなると関係の修復には大変な時間と労力がかかります。高齢者は残された時間が有り余っているわけではありません。関係が修復できないまま終結を迎えることすらあり、利用者に大きな不利益をもたらします。

01　インテークで何を行うか

　たった1回のインテーク。1回目にやるべきことはたくさんあります。以下にリストアップします。なお、居宅介護支援事業者として行う重要事項を記した文書の説明、同意、契約などは省いています。

> **インテークで行うこと**
> ① 自己紹介と所属機関の説明をする
> ② 紹介経路を確認する
> ③ 守秘義務を説明する
> ④ 緊急性を把握する
> ⑤ 事情を聞く
> ⑥ 状況を共有する
> ⑦ 今後の方向性を説明する
> （その他）質問を聞く、次回の約束をする、質問に答えてもらったことへの感謝を伝える

　このようなことを行いながら、ケアマネジャーは利用者との間に、信頼関係に基づいた「援助関係」をつくり始めます。並行して、利用者とケアマネジャーは、これから始まるケアマネジメントの「協働作業者」としての歩みを始めます。インテーク面接から、すでにアセスメントは始まっていますが、アセスメントについては、次の第3章で詳しく説明することにします。

02 初めて相談をする人の気持ち

　初めての人に会うときは、いつの場合も緊張するものです。私たちケアマネジャーが初めての利用者に会うときも同様です。でも、利用者はもっと緊張し、不安を感じているはずです。なぜなら、ケアマネジャーは援助者として利用者と接することに慣れています。ところが利用者は、「介護サービス」という援助を受けること自体が初めての場合がほとんどでしょう。将来への不安、初対面の緊張。「これからどうなるのだろうか？」「どんな人が担当になるのだろうか？」「私の話を聞いてくれるのだろうか？」「私の気持ちをわかってくれるだろうか？」「もしも嫌な感じの人なら私はこれからどうなるのだろう」など。不安と緊張に包まれながら、ケアマネジャーとの初対面に臨むのではないでしょうか。

電話の場合も同様です。行政からもらったパンフレットを見たり、知人に聞いたりして事業所に電話をします。出前の注文をするのとは、もちろん勝手が違います。「どんな人が電話に出るのだろうか？」「相談に乗ってくれるのだろうか？」「どんなことを聞かれるのだろうか？」「どんなことを話せばいいのだろうか？」など、やはり、不安と緊張とともに電話をかけるのではないでしょうか。

　インテークは、私たちケアマネジャーと不安を抱えた利用者・家族との新しい出会いです。「この人なら、話しても大丈夫」と思ってもらえるような出会い、「何とかなるかもしれない」と希望を抱いてもらえる出会い、「これから共に進んでいこう」と感じてもらえる出会いにしたいものです。

02
信頼関係づくりを軸に インテークを考える

前述した「インテークで行うこと」の①〜⑦に沿って考えていきましょう。

01 自己紹介と所属機関の説明をする ――キーワードは「一緒に」

自己紹介や所属機関の説明の際、利用者や家族が言葉にした困りごとや希望（主訴）に対して、「私たちは、このようなことができます」と説明すると、よくわかってもらえます。つまり、自己紹介はインテークの冒頭に行うだけでなく、主訴をよく聞いた後で、重ねて行うという方法が効果的です。

また、利用者と家族で理解する力が異なると思うときには、それぞれにわかりやすい言葉で、どちらにも届くように伝えます。「家族がわかってくれたからよい」で終わらず、利用者にも必ず自己紹介を行います。

援助関係づくりは、自己紹介から始まります。「ご一緒に、困ったことを整理させていただきます」「ご一緒に、これからのことを考えさせていただきます」など、共に歩むパートナーとしての関係を伝えます。「一緒に」は、自己紹介時に限らず、支援プロセスすべてにおいて、「援助関係」づくりの大切なキーワードです。

02 紹介経路を確認する ――今置かれている状況が推測できる

紹介経路の確認は、インテークの助走としては聞きやすい内容でしょう。紹介経路には、地域包括支援センター、行政から渡された一覧表を見て、入院先の病院、

かかりつけ医、民生委員、知人や近隣などがあるでしょう。それを聞いた後で、「私たちの事業所について、どのような紹介をされましたか？」と尋ねると、利用者と家族がどのような状況にいるのかを推測することができます。

　例えば、入院先の病院のソーシャルワーカーから、「退院後に利用できる介護サービスなどの相談に乗ってくれる所ですよ」と紹介されたとしたら、新しく要介護状態になったことに不安を抱いているかもしれないことがわかります。民生委員に「介護が大変」と相談し、「介護の相談ができるところがあるよ」と紹介を受けているとしたら、家族介護者の負担が限界にきているのかもしれません。

　なお、「どのような紹介をされましたか？」と聞くことで、誤解を生じそうな説明を受けていることがわかることもあります。その際には、紹介者を中傷しないように配慮しながら、誤りを修正しておくことが必要です。

　自分たちがSOSを出したのか、周囲から「相談したほうがいいよ」と言われたのかも注目点です。行き詰まり感が違います。

03　守秘義務を説明する
──個人情報を安心して話してもらうために

　的確な援助を行うためには、通常では他人に話さないようなプライバシーに関する情報が必要になってきます。その点において、事情を聞き始める前に、「私たちケアマネジャーには、個人の秘密を漏らさないという守秘義務があります。ここで聞いたことは、○○さん（利用者名）のご承諾なしに外で話すことはありません」などと、しっかりと伝えます。

　この守秘義務があるから、いわゆる「個人情報」を聞くことができるのです。個人情報は本人および家族に対する情報のため謙虚な姿勢で臨むことはもちろんですが、「こんなことまで聞いていいのだろうか？」とためらっていては、質の高いケアマネジメントはできません。

緊急性を把握する
──利用者の命を守ることは、私たちの使命

　ぎりぎりまで我慢して相談に踏み切る利用者や家族がいます。また、本来なら病院に急行したり、119番に連絡したりするべきところを、ケアマネジャーの事業所に連絡をしてくる場合もあります。利用者だけではなく、家族介護者の健康がのっぴきならない状態になっていることもあるでしょう。

　相手の状態が見えない電話での相談では、特に緊急性の判断が重要です。もちろん、訪問時においても、目と耳と鼻のすべてを総動員して緊急性の有無を判断します。緊急の対応が必要になったら、インテークはひとまず休止して、医療機関につなぐなど、必要な対応をとります。

 ## 事情を聞く
──あるがままを受け止め、苦労をねぎらう

　インテークで最も大切なことは、「この人は私の話を聞いてくれそうだ」と利用者に思ってもらえるか否かです。ケアマネジメントの中心にいつもいるのは利用者であり、利用者の話を聞くことなしに、ケアマネジメントは前に進みません。そのためには、インテーク時の「聞き方」がとても重要になってきます。6つのポイントをあげてみました。

「私の話を聞いてくれそうだ」と思われる聞き方

① 事前情報をいったん封印し、白紙の状態で臨む
② 感情を受け止める
③ 知識や経験に頼った解釈や提案を、早々に告げない
④ 自分の価値観で利用者を評価しない
⑤ 他者に対する非難に相乗りしない
⑥ 利用者本人と話す

1 ▶ 事前情報をいったん封印し、白紙の状態で臨む

　インテークを前に紹介機関などから事前情報がもたらされるケースは多いはずです。事前情報は、利用者の理解の助けになります。紹介者（機関）に「どのような方で、どのような援助が必要ですか？」と尋ねてみるのもよいでしょう。

　一方で、その情報には、情報提供者の「見方」が混ざっているということを心に留めておく必要があります。「ちょっと気難しい」「ご主人に主導権がある」「家族関係が複雑」など、利用者や家族にレッテルを貼った情報提供もよく見られます。つまり、事前情報には「主観」が盛り込まれていることが多いのです。

　主観の入った事前情報は、利用者を見る目を曇らせ、「利用者を知りたい」というモチベーションを下げる結果を招いてしまいます。インテークに際しては、事前情報をひとまず封印して、新鮮な気持ちで利用者と向き合いたいものです。

2 ▶ 感情を受け止める

　どんな言葉にも感情が乗せられています。利用者が「この人は私の話を聞いてくれそうだ」と思うのは、言葉に乗せられた感情を受け取ったときなのです。「そうなんですか」「それは不安ですね」「おつらかったですね」など、傾聴しながら共に感じ、感情を受け止めたことを静かに返していきます。特に初対面では、大げさに返すよりも静かに返すほうが、感情を親身になって受け止めたことが伝わります。

　また、闘病やリハビリなどの苦しさやつらさが本人から語られたり、介護の大変さや心細さが家族から語られたりしたときは、頑張ってきたことをねぎらいます。

3 ▶ 知識や経験に頼った解釈や提案を、早々に告げない

　制度やサービスを含めた「介護の知識」については、利用者や家族よりケアマネジャーのほうが圧倒的に豊富です。経験豊富なケアマネジャーなら、「同じようなケース」を担当したこともあるでしょう。そうした知識や経験などから、相手の置かれている状況やその解決法がわかったような気になり、知識や経験に頼った解釈をしたり、解決法の提案を早々にしたりすることがあります。

　しかし、同じようなケースでも、利用者の考え方や気持ち、さらには、利用者を取り囲む環境が個々に違うのはご存じのとおりです。一人ひとり問題は違うのです。

問題を解決するのは、利用者本人であり、それをサポートするのがケアマネジャーの役割です。ケアマネジャーが、自分の知識や経験に頼り、早々に状況を解釈したり、解決法を提案したりしては、利用者が行うべき問題解決への営みを摘み取ってしまいます。また、利用者を知らず知らずのうちにコントロールしようとしているものでもあります。「私は私…。他の人の話はいいから、もう少し自分の話に耳を傾けて」という利用者の内なる声が聞こえてきそうです。

4 ▶ 自分の価値観で利用者を評価しない

　人それぞれに考え方や価値観があります。そこに至る背景があります。家族を含め、他人がその考え方や価値観に介入することはできません。自分の考え方や価値観を変えることができるのは本人だけであり、それが個人の尊厳です。

　高齢の利用者は、私たちケアマネジャーよりも長い人生を生きてきました。自分の価値観で評価をせず、敬意をもって、利用者の「あるがまま」を受け止めること。利用者はそうしたケアマネジャーに心を開きます。

5 ▶ 他者に対する非難に相乗りしない

　前任のケアマネジャー、サービス提供者、主治医、近隣などを、利用者や家族が悪く言うことがあります。利用者や家族への感情移入もあり、時として、その非難がまっとうに思えるときもあるでしょう。でもそれは、あくまでも利用者や家族の視点に基づく他者非難です。

　安易に他者の非難に相乗りするのは禁物です。利用者や家族は自分のことはさておき、「人の悪口を言うほどの軽い人間だ」とケアマネジャーを評価するかもしれません。また、「悪口は、いつ自分に向けられるかわかったものじゃない」と警戒したりもします。人の心とは、そういうものだと心得ましょう。

6 ▶ 利用者本人と話す

　認知症があったり、コミュニケーションに障がいがあったりする利用者の場合、家族と話すことが多くなりがちです。しかし、ケアマネジメントの中心にいるのは、どんな場合でも利用者です。真っ先に受け止めたいのは「利用者の思い」です。認

知症があっても会話はできます。感情の交流も十分にできます。コミュニケーションに障がいがあっても、何らかの方法で意思を伝え合うことはできます。インテークの当初から利用者本人と話しましょう。

　家族はその姿を見て、ケアマネジャーの援助の姿勢を理解することができます。また、ケアマネジャーに語る利用者の様子を見て、利用者に抱いていた「何もわからない」などの誤った理解を改めるきっかけにもなるでしょう。

　利用者のことは、利用者に聞いてみなければわからない。当たり前のようですが、これが面接のエッセンス（本質）です。

06　状況を共有する
——利用者の立場で状況を眺めてみる

　ケアマネジメントは、利用者とケアマネジャーの協働作業で進みます。その土台は、現在の状況を共有することであり、利用者がどのようにとらえているのかを聞いてみます。

　例えば、「主治医の先生は、〇〇さん（利用者）のご病気について、どのようにおっしゃっていましたか？」「先生がそうおっしゃったことについて、どのように思いましたか？」などと質問を重ねていけば、利用者が自分の病気や健康状態をどのようにとらえているのかがわかります。利用者のとらえている「現実」が実際と違うこともあるでしょう。まずは、それがわかることが大事であり、必要があれば次回からの面接で、利用者が納得できるように修正していけばよいのだと思います。

07　今後の方向性を説明する
——希望を示す

　ケアマネジャーは、アセスメントからケアプランを経て、サービスを利用するという流れがわかっています。他方、利用者や家族は、その流れを知りません。ケアマネジャーには、これからどのようなことを行っていくのかを、利用者や家族が理解しやすい言葉で説明していく必要があります。

ケアマネジメントの進行も利用者の理解に合わせて一歩ずつ。「早くケアプランをつくってサービスを提供したい」という思いがケアマネジャーに強すぎると、インテーク時からアセスメントを急ぎ、利用者を質問攻めにしてしまうことがあるので注意が必要です。

　インテーク面接を進めていきながら、「この人に相談してよかった」と思ってもらえる雰囲気をつくり出していくことが大切です。例えば、「○○の現状を改善する方法はいくつか見つけ出せると思います」「もう少し楽になる方法はきっと見つかります」「暮らしを支えてくれるサービスを一緒に選んでいきましょう」など、具体的な手立てを示すにはアセスメントが不十分な段階であっても、希望へと向かう今後の方向性を示すことができます。

　希望への明かりは、「この人と一緒に歩めばなんとかなりそうだ」と思ってもらえることであり、信頼関係を深める道を照らす明かりともなります。

03
さまざまなインテーク

　利用者とケアマネジャーの出会いは、いろいろな場所で行われます。どんな場所で行われようとも、今まで見てきたように、初めて相談する人の気持ちを考え、信頼関係を軸にしたインテークを行うことに変わりはありません。ただ、場所が違うことで配慮することに異なる点があり、はまりやすい罠もあります。電話、入院中の病院、利用者の自宅それぞれのインテークの要点を考えてみましょう。

01 「電話」──顔が見えないコミュニケーション

　利用者または家族から相談の電話がかかってきたとします。

1 ▶ こちらの第一声、あちらの第一声に細心の注意を

　前述した「初めて相談する人の気持ち」に思いをめぐらせながら受話器をとり、「はい、○○居宅介護支援事業所の○○でございます」などと優しい響きが相手に届くように名乗ります。

　不安と緊張のなかで電話をかける利用者・家族の心は、ガラス細工のように壊れやすいもの。ケアマネジャーの声に優しさを感じることができなければ、相談しようとする気持ちは折れてしまうでしょうし、自分の心の内を話すことをためらってしまうでしょう。

　優しく電話を受けた後は、利用者・家族の第一声を待ちます。その第一声から、不安、心細さ、よそよそしさ、生真面目さ、謙虚さ、気ぜわしさ、疲労の色などを感じ取り、その第一声を受け止める対応を心がけます。例えば、不安や心細さを感

じたなら、包み込むような対応を。生真面目さや謙虚さを感じたなら、礼儀正しい対応を。気ぜわしさを感じたなら、あえて落ち着いた対応を。このように、利用者・家族が気持ちを振り絞って出した第一声を丁寧に受け止めます。

見方を変えれば、電話の向こうにいる利用者・家族は、電話の対応でケアマネジャーや所属する事業所を品定めしているということもできるのです。

2 ▶ 感謝の気持ちを伝えよう、ねぎらいの言葉をかけよう

相談の電話だということがわかった時点で、「お電話をくださりありがとうございました」と感謝の気持ちを伝えます。もちろん、新しい客が増えそうだなどという打算的な感謝ではありません。困った人への支援は、私たちケアマネジャーの社会的責任であり、職業人としての存在理由でもあるのです。「お電話をくださりありがとうございました」は、その機会を与えてくださったことに対する感謝の気持ちです。

利用者・家族から語られる言葉に練り込まれた感情への対応は、電話の場合でも極めて重要です。困っていることが感じられたら、「それはお困りですね」。不安さが漂っていたら、「それはご不安ですね」。介護の苦労が語られたら、「よく頑張ってこられましたね」。利用者本人からの電話であれば、「電話でお話になっていて、お疲れではありませんか」などの言葉を返します。

3 ▶ 一方的にこちらから尋ねない

利用者・家族の説明は、断片的であったり、時間軸が前後したり、気持ちが先行したり、誤解があったりなど、要領を得ないこともしばしばでしょう。利用者・家族の話を遮って質問をしたくなる気持ちも起こります。しかし、顔が見えないなかでの初めての出会いとなる電話によるインテークでは、利用者・家族の話を遮る形での介入は、とりわけ慎重になる必要があります。電話の相手に「話を聞いてくれない」「気持ちが伝わらない」と思われてしまいます。

とはいえ、確かめなければ前に進めないことがあります。電話の相手が利用者ではない場合は利用者との関係、要介護認定の有無、紹介経路、住所など基本的な情報がそれに当たります。その場合は、先方の一連の話やそれについての関連質問が

一区切りついた段階で、「少し、質問させていただいてもよろしいでしょうか？」などと了承を得て、質問をするようにします。

4 ▶ 緊急性の有無を判断し、訪問の日程を決める

　支援を受理できる可能性が大きい場合には、訪問の日時を決めます。その際、重要なのは緊急性の有無です。場合によっては、今の健康状態、相談の内容、利用者の慌て方、呼吸の乱れ方や声のトーンなどから判断し、医療職に連絡し、直ちに訪問したほうがよい場合があります。救急車の要請が必要なケースもあります。

　今すぐというほどの緊急性はなくても、話の内容から訪問を急いだほうがいいケースもあるでしょう。「相談の内容からお察ししますと、お急ぎですね」と確認したうえで、近日中の複数の候補日を示して選んでもらいます。

　電話の相手が家族などで、「本人抜きで事前に話したい」という場合は、一度ケアマネジャーの事務所で話し合った後に、自宅訪問という段取りにすることもあります。ただし、ケアマネジメントの中心は利用者本人であることを忘れないようにし、本人抜きの場合は、「予備インテーク」的な位置づけとします。

　このように訪問の日程を決める際にも、利用者・家族の状況、事情、都合、気持ちに十分に配慮します。電話でのインテークでは、利用者・家族の状況や反応が見えづらい分、細心の心遣いが求められます。

02　入院中の病院
——喜びと不安のなかで

　病院の地域連携室から紹介され、病院を訪問したとします。

1 ▶ 自分の役割を利用者に説明する

　病院では、医師、看護師長、担当看護師、その他の看護師、リハビリスタッフ、管理栄養士、退院支援看護師、地域連携室のソーシャルワーカーなど、さまざま人が利用者にかかわっています。そうしたなかでのケアマネジャーという職種の登場です。ここに来た目的や自分の役割をわかりやすく説明します。

病院のスタッフとの違いは、退院後の生活にかかわる専門職である点です。退院後の暮らしを一緒に考えていくパートナーである点を強調するなど、ケアマネジャーの役割を伝えます。

2 ▶ 退院を前にした利用者の気持ちにコミットする

　ケアマネジャーの援助は、今、利用者のいる地点からスタートします。「退院を前にして本人はどのような気持ちでいるのか」を想像しましょう。

　入院前と違う身体状況を利用者はどのように受け止めているのか、退院の喜びと不安がどのように交錯しているのか、退院後の暮らしをどのように思い描いているのか、家族との意見の違いをどのように考えているのか…。

　退院を前に、おそらく利用者の気持ちは揺れ動いています。そのような利用者の「今の気持ち」にコミットしていきます。コミットとは、関係すること、かかわり合うこと。対人援助職に求められる「気持ちに寄り添う」という表現は、その時点、その時点の利用者の気持ちにコミットしていくことでもあります。気持ちが揺れ動く退院前だからこそ、利用者の気持ちを推し量り、かかわり合っていくことは、極めて重要になるのです。「私の気持ちをわかってくれる人」という関係性は、そのような大変な時期にかかわるからこそ、「本物」の援助関係へと発展していきます。

3 ▶ 利用者の意思は、利用者に確認する

　少し意地悪な表現を許してもらえば、病院には利用者の意思の代弁者が複数います。病院のスタッフは、それぞれのかかわりのなかで「患者さんご本人はこのようにお考えですよ」とケアマネジャーに情報を与えてくれるでしょう。面会に来ている家族も「私は○○してほしいと思っているのに、この人はそうじゃないの」などと教えてくれることがあります。

　そのような「親切な声」は、貴重な情報としてありがたく頂戴するとして、やはり利用者の意思は本人に確認するのが鉄則です。初対面や認知機能の低下という覆(おお)いが意思の確認を難しくしているかもしれません。しかし、どのような場合も、覆いの内側には「かけがえのない意思」が存在しています。その意思を大切にするた

めの営みは、入院時の初対面から始まります。「本人にはとりあえず簡単な挨拶だけ」では、本人不在のケアマネジメントの始まりになるおそれがあります。

4 ▶ 病院の価値観を知っておく

　どの病院も同じだというわけではありません。利用者の気持ちを中心に置くことを大切にする病院が増えているようにも感じます。

　看護の世界では、「意思決定を支える看護」の重要性が強調される時代にもなりました。その一方で、「患者指導」「家族指導」という言葉が日常的に使われています。「在宅は無理でしょう」と無造作に口にする医師もいます。「患者さんは認知症があるから」と家族としか話さないスタッフもいます。ケアマネジャーが出席することの多い退院カンファレンスは、病院によっては、そのような価値観をもつスタッフが参加して進行されることを十分に心得ておきましょう。

　「在宅で暮らす」という何物にも代えがたい価値、「指導」という言葉への違和感、「認知症の有無」で話す相手を選ぶ安直さ…。ケアマネジャーは、自らの職業人としての価値観とは異なる世界があることを知っておく必要があります。

　半面、さまざまな専門職がいるというのは、病院の特徴です。医師、看護師、作

業療法士、理学療法士、言語聴覚士、薬剤師、管理栄養士、ソーシャルワーカー、ケアワーカーなど、これからの在宅生活で必要な情報を一気に収集できるというメリットは魅力です。

5 ▶ 退院が喜びとなるような支援を始める

自宅への退院が素直に喜べるような支援をすることを、インテーク面接で伝えましょう。そのためには退院後の「安心」を届けます。

退院後の暮らしが安心できるように精一杯のお手伝いをすること、多くのスタッフが知恵を出し合い退院後の暮らしを支えることができること、本人の気持ちをいつも大切にしながら一緒に考え歩むこと…。退院が喜びとなるようなインテーク面接を行いましょう。

6 ▶ スピーディーさを優先することも

在院日数短縮化の流れは将来的にも続くでしょう。急性期病棟から待ったなしの退院を求められることが多くなりました。最近増えてきた地域包括ケア病棟も最大60日という期限があります。「病院でできることはなくなった」という医師の話を受け、急遽、在宅ターミナルを選ぶ場合もあります。入院中のインテークでは、スピードが大切なケースが少なくありません。

エピソード1-①：在宅ターミナルに向けての待ったなしの退院支援

がん末期の男性利用者です。病院の医師は、「この時を外したら、自宅に帰ることは難しいだろう」と告げました。主介護者は妻。病院の地域連携室より、明日にでも退院させたいという相談がありました。要介護認定はすでに出ていて、家族も退院に同意しているといいます。

私は、病院に急行。地域連携室のソーシャルワーカーに概略の説明を受けた後、担当医から、身体状況、治療方針、今後予想される身体状況の変化、本人への説明内容を聞きました。

このときは、運よく担当医の話を聞くことができましたが、それが難しいとき

は、病棟の担当看護師か看護師長から話を聞きます。

エピソード1-②：在宅ターミナルに向けての待ったなしの退院支援

明日退院というのは、緊急事態です。病院からの説明は必須です。今回の場合は、担当医の話の後、病棟の担当看護師からも、看護師が見立てる予後、退院後の生活上の留意点、担当医の説明の利用者の受け止め方、利用者と家族の関係、家族介護力、在宅介護サービスの必要性への看護師としての見解などを聞きました。

ここまでの準備を終えて、利用者と家族に会いました。本来なら利用者への挨拶が先ですが、事態の緊急性を考え、この順番のほうが利用者の利益になると私は考えました。

エピソード1-③：在宅ターミナルに向けての待ったなしの退院支援

利用者と家族への最大の確認事項は、自宅への退院についての意思の確認です。自己紹介の後、次のように質問しました。

「明日、退院することになったとうかがっています。退院については、どのようなお気持ちですか？」

利用者は、「そりゃ、うれしいですよ」と答え、家族は、「不安はありますけど、家に帰してあげたくてね」と言います。

意思が確かめられました。私は少しでも不安を軽くするように、「では、ご自宅での暮らしが少しでも快適になるように、一緒に頑張っていきましょう。私も精一杯お手伝いさせていただきます」と明るく伝えました。

通常ならこの後、退院後に予想される課題、在宅生活へ向けての希望などについてインテーク面接を行います。しかし今回は、「退院がうれしい」「家に帰してあげたい」という意思の確認を頼りに、介護環境などのアセスメントを行い、退院支援を急ぐことにしました。

> **エピソード1-④：在宅ターミナルに向けての待ったなしの退院支援**
> 「退院後すぐに必要だと考えられるサービスなどについては、こちらから提案させていただきます。ご了承を得られしだい手配いたします。その形でよろしいでしょうか」
> この提案に利用者と家族は、同時にうなずいてくれました。

インテーク面接はこのようにして終わり、退院の準備を進めることになりました。

03 利用者の自宅 ──敬意をもって訪問する

電話でのアポイントのうえ、利用者の自宅を訪問したとします。

1 ▶ 一度イメージを膨らませてみる

初回訪問（インテーク訪問）を行う利用者について、ケアマネジャーは何らかの事前情報を入手していることと思います。「事前情報をいったん封印し、白紙の状態で臨む」と前述しましたが、封印する前に、事前情報なども参考にして、「どんな方なのだろう」と一度イメージを膨らませてみてもよいのだと思います。「もうすぐ会える利用者への関心」は、インテーク面接へのわくわく感にもつながります。

新鮮な目でインテークを行うために、面接の直前には事前情報やイメージをいったん封印するとしても、一度膨らませたイメージとの相違点は、利用者理解を深めるうえで大きなヒントになることがあります。

2 ▶ 周辺環境を観察して訪問する

ケアマネジメントの立脚点は、「利用者の生活」にあります。生活がどのような周辺環境のなかで営まれているのかは、重要なアセスメント項目であり、これから始まるインテーク面接での下敷きにもなります。周辺環境を知っていれば、例えば、次のようなやり取りを展開することができます。

「買い物はどうされていますか？」

「元気な頃は10分やそこらで行けたけど、今は行くのに30分もかかるんですよ」

「坂道の途中にある○○スーパーまで行かれるんですね」

「あのスーパーは物がいいからね。手押し車を押して、途中で3回ほど休憩しながら登っていくんです」

「それは、大変ですね。雨の日はどうなさっていますか？」

地形、道路と交通量、商店街、スーパーマーケット、コンビニエンスストア、郵便局、バス停とバスの本数、街並みなど、周辺環境を観察して訪問すると、インテーク面接の幅を広げることができます。

3 ▶ タイムスリップして家を眺めてみる

自宅の外回りの観察では、道路から玄関までのアプローチ、庭の草木の手入れ、玄関先の落ち葉の溜まり方などが観察のポイントです。

観察の結果、たとえ、玄関先に蜘蛛の巣が張られ、落ち葉が吹きだまり、ごみが散乱し、庭木の手入れがされていない様子が見て取られた場合も、「そのような現状で暮らす利用者」というとらえ方とともに、その家が新築された頃や、玄関先が掃き清められ、庭木もきちんと手入れされていた時代に思いを馳せてみる必要もあ

るのだと思います。

　今は支援を必要としている人かもしれないけれど、長い人生でいえば、支援が必要になったのは、ごく最近の出来事にすぎないはずなのです。今に続く長い道のり、利用者は家族と共にどのように生きてきたのだろうか。そしてどこに進もうとしているのだろうか。今この瞬間だけではなく、タイムスリップしながら家を眺め、そして玄関の呼び鈴を押します。

　玄関を開けた途端にどこからともなく尿臭が漂ってくるかもしれません。それはそれで大切なチェックポイントではあります。と同時にそれもまた、ごく最近の出来事にすぎないのです。

4 ▶ 礼儀と配慮の積み重ねが信頼関係をつくる

　利用者の自宅は、利用者と家族の暮らしが続いている「お城」です。そこにお邪魔するわけですから、最大限の礼儀と配慮が必要です。

　車で訪問する場合は、初回は少し離れた駐車場に止め、次回はどこに止めればよいかを聞きます。「家の駐車場に入れていいですよ」と言ってもらった場合でも、事業所の名前が入った車を使う場合は、その旨を告げ、それでもよいのかを確認します。「介護のお世話になっているのを近所に知られたくない」という利用者や家族もいます。

　同様の理由で、玄関先で名乗る際、隣家に聞こえるおそれがある場合は、事業所名を告げないなどの配慮が必要です。

　そのほか、コートは玄関の外または玄関で脱ぐ、靴は揃える、上座には座らない、家の中をじろじろ見ないなど、最低限のエチケットを守ることは言うまでもありません。

5 ▶ 座る位置も「利用者が中心」

　ケアマネジメントは利用者中心で進むプロセスです。その発端となるインテーク。まずは、座る位置から「利用者中心」にしていきます。

　例えば、家族とケアマネジャーが横に並び、利用者と向かい合う形に座ったとしたら、利用者の目にケアマネジャーはどのように映るでしょうか。もしかしたら、

「家族とぐるになって自分を邪魔者扱いしようとしている」と利用者は思うかもしれません。

一例として、図2-1のようなポジションを取れば、本人を中心に話をするというケアマネジャーの意思を示すことができます。

図2-1　本人中心のポジショニング

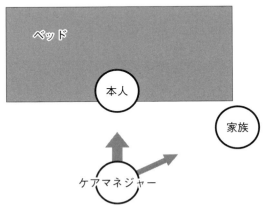

本人と向き合い、家族とは顔が見える位置

6 ▶ 自宅には「歩いて来た道」がある

写真、置物、賞状、トロフィー、記念品、旅行土産、作品など、自宅には利用者と家族の思い出の品が置かれています。飾られている品々は、「良い思い出の品々」。それらをきっかけにした質問は、生活史をひも解く糸口になるばかりか、利用者が歩んで来た道を「承認」することにもなります。

ケアマネジメントプロセスにおける承認とは、相手の生き方を、敬意をもって認めることです。利用者が歩いて来た道に敬意を払うことは、今、目の前にいる利用者に敬意を払うことでもあります。

利用者は今、何らかの介護を必要とする身体になっています。自分を支えるプライドがしぼみつつあるかもしれません。そんな自分を、敬意をもって認めてくれる援助者の存在は、どれほど心強いことでしょう。

精一杯の敬意を込めて、希望へと通じる道を利用者と一緒に歩み始めましょう。その第一歩が「希望を感じる出会い」としてのインテーク面接です。

第 3 章

アセスメント
本人に語ってもらう

01 アセスメントって何だろう

02 アセスメントの進め方

03 アセスメントについての2つの覚え書き

01
アセスメントって何だろう

01 アセスメントは利用者との協働作業

　アセスメントは、ケアマネジャーが一方的に質問を繰り出して利用者から情報を集め、利用者の抱える課題を分析、把握することではありません。アセスメントは、ケアマネジャーが一人で行う「単独作業」ではなく、ケアマネジャーが利用者とともに行う「協働作業」です。なぜ、協働作業なのか。それは、生活上の課題や健康上の課題に立ち向かっていくのは、利用者本人であるからです。当たり前のことですが、ケアマネジメントで実現する「望む生活」は、利用者の望む生活であって、ケアマネジャーが望む生活ではありません。

　ケアマネジメントの中心にいるのは、利用者です。ケアマネジメントを推進するのは、利用者の「思い」であり「自己決定」です。ケアマネジャーは、そのための土台をアセスメントという作業を通じて整えていきます。

　アセスメントは、ケアマネジメントの方向を決める重要な作業です。その作業を通じ、利用者が直面している課題を整理することができ、利用者とケアマネジャーの相互理解が進み、利用者の強さが浮かび上がります。利用者にとっても課題が整理できるとともに、課題に立ち向かう意欲が湧き、不安が希望に変わることも不可能ではないことに気づきます。

　「利用者との協働作業」と位置づけることで、アセスメントは、大きな力を発揮します。利用者とケアマネジャーそれぞれの視点からアセスメントの機能と可能性について考えてみます（**表 3-1**）。**表 3-1** の①状況の理解から⑤将来への希望まで、ケアプランに将来に向けての計画を書き込む前に、これだけのことを実現できる機能と可能性がアセスメントにはあります。

表3-1 アセスメントの機能と可能性

	利用者	ケアマネジャー
①状況の理解	直面している課題が整理できる。	利用者が置かれている状況がわかる。
②相互理解	自分の理解者の存在を感じる。	利用者の価値観や考え方がわかる。
③ストレングス	自分が気づいていない、問題解決力を発見できる。	困難を乗り越える、利用者の力を知ることができる。
④自己決定のための土台づくり	今の困りごとが、なんとか解決できそうな気がしてくる。	利用者の力を補い強化するための、必要な援助がわかる。
⑤将来への希望	自分が望む生活が見えてくる。	利用者の望む生活が見えてくる。

表3-1を説明します。①〜⑤の利用者とケアマネジャーの欄は、それぞれ相互に関係しています。

1 ▶ 状況の理解

ケアマネジャーが会う利用者は、何らかの困りごとを抱えています。まずは、表出された困りごとを受け止めます。ただし、表面に浮かんだ困りごとが、本当の困りごと（ニーズ）ではない場合が少なくありません。ケアマネジャーは、観察や面接で利用者が現在置かれている状況を理解していきます。その過程で、利用者は、今自分が直面している課題を整理することができます。

2 ▶ 相互理解

アセスメントがうまくいくかどうかは、相互理解にかかっています。ケアマネジャーは、利用者との対話（面接）を通じ、利用者の価値観や考え方を理解しようと努めます。利用者は自分のことに関心をもち、理解しようとしてくれるケアマネジャーが、よき協力者になってくれるのではないかと思い始めるでしょう。やがてそれは「この人になら、自分のことを話してもいい」という信頼関係へと成長し、アセスメントをさらに深めることができるようになります。

3 ▶ ストレングス

　過去から現在へと続く利用者の人生のなかには、さまざまな問題に立ち向かってきた利用者の力が散りばめられています。利用者の力には、本人単独の問題解決力だけではなく、サポートされる力、つまり、他者の力を借りて問題を解決する力も含まれます。家族、親戚、友人、近隣などに、どのように助けられてきたか。それは、本人が培ってきた対人関係の大切な財産です。利用者はケアマネジャーとの対話から、自分のもつ問題解決力を再発見することができます。今、直面している課題を解決することができるのは、いうまでもなく利用者本人であり、ストレングス探しは、アセスメントの必須項目です。

4 ▶ 自己決定のための土台づくり

　病気や障がいにより、元気な頃の生活・生計を変更せざるを得ない状況に利用者は直面します。経験したことのない要介護状態に戸惑い、正体が見えない不安に包まれています。アセスメントにより課題を整理していくことで、不安の正体の輪郭がしだいに明確になり、何を解決しなければならないのかがわかってきます。そして、利用者の問題解決力を補い強化するために必要な援助が見え始め、「今の困りごとが解決できるかもしれない」という気持ちが利用者に湧いてきます。

5 ▶ 将来への希望

　やがて、不安を乗り越えた所にある望む生活が見え始めます。不安の雲に覆われ、見通すことができない将来も、不安の雲がぬぐい去られていくことで見通すことができるようになり、希望の光が見えてくるのです。

02　最初から、利用者はすらすらと語らない

　アセスメントと同じような専門用語に、看護師が行う「アナムネ（アナムネーゼの略語）」という言葉があります。
　「アナムネ」は、看護師が医師の診察前に患者に対して行う聞き取りです。どのようなことで医療機関に来たのかという主訴や、ここに到るまでの経過、既往歴、

常用薬、アレルギーの有無、飲酒・喫煙習慣などについて聞き取ります。一般的に、患者や家族には、病気や痛みを理解してほしいという気持ちがあります。例えば、痛みの程度はどうかなど、明確な訴えが表出されやすく、看護師は、比較的情報収集を行いやすい環境で「アナムネ」を実施することができます。

　それでも、限られた時間のなかで抜け落ちてはいけない情報も含めて効率よく収集を行う必要があり、相手の緊張をときほぐしながら、患者の訴えを的確にとらえていくことが看護技術の1つでもあります。

　一方、ケアマネジャーのアセスメントについて見てみると、利用者本人の訴えがない場合があります。家族の要請で訪問すると、「私は何も困っていない。家族が心配性で困る。勝手に相談をした」などと、ケアマネジャーに対し拒絶的な対応をする場合です。これには、いくつかの理由が考えられます。

利用者本人が拒絶的な対応をする理由

- 困っているのは家族であり、本人ではない
- 状況の変化（障がいを得たことなど）を受け入れていない
- 生活のほころびに気づいていない、認めていない
- お上（行政）の世話になりたくないと思っている
- 見ず知らずの人間（ケアマネジャー）に「家の恥」をさらしたくない
- 家族との関係が好ましくない

ケアマネジャーは、このような段階からアセスメントを始めなければならない場合もあるのです。もちろん、最初から拒絶的な対応をする利用者ばかりではありません。とはいえ、看護師や医師という子どもの頃から慣れ親しんだ職業の人ではなく、利用者は、「ケアマネジャー」という、おそらくは人生で初めて出会う職種の人に相対することになります。その相手に、自分のプライバシーや生活上の悩みを打ち明けることに抵抗を感じるほうが普通なのではないでしょうか。

　ケアマネジャーのなかには、最初の面接ですべてのアセスメント項目について情報をとってしまわなければならないと、焦って対応しているケースも見聞きします。しかし、その姿勢こそが、利用者の心を閉ざしてしまうのです。

　初めて会った人から、自分のことをあれこれと小さなことまでほじくって知ろうとするような質問攻めをされたら、どのように感じるでしょうか。不快に感じる人も多いはずです。また、認知症がある人などの場合は、不安から不穏につながることも考えられます。

　アセスメントを進めるには、相互の信頼関係が必要です。最初から、利用者は自分のことをすらすらと語るわけではありません。アセスメントシートを少し横において、まずは日常的な会話から始めましょう。本人の興味や関心のある話題などを通じて、今までの生活のなかで得意としてきたことや苦労されたことなどについて話を聴きましょう。人を理解するには、「その人を知りたい」と強い関心をもつことが大切です。

03　利用者を全人的に理解しよう

　アセスメントは、利用者が望む生活を実現していくために解決しなければならない課題を明らかにし、それを利用者と共有していく協働作業です。その第一歩は、利用者との間に信頼関係を築きながら、利用者や家族から悩みや要望を聴くことから始まります。その際の留意点を3つあげます。

1 ▶ 共感的にアセスメントをする

　当然ながら、アセスメントシートにある項目を順に聞いて、シートの空白を埋め

ることに終始するだけでは、信頼関係を築くことはできません。シートに並んだアセスメント項目は、確かに有用な情報です。ただ、その情報の多くが、「心の痛み」を伴っているものだということを知っておくことが大切です。例えば、健康状態や日常生活動作を語るとき、利用者は「できなくなったこと」と向かい合わなくてはなりません。機械的に質問を繰り出すのではなく、「心の痛み」に共感しながら、アセスメントを進めましょう。そうすることで、利用者は、「この人は、私のつらさをわかってくれる」と感じることができます。もちろん、必要以上に感情を表に出すことは専門家としてふさわしい態度とはいえません。「抑制された共感的な姿勢」でアセスメントを進めましょう。

2 ▶ 情報をつなぐ

　人の心も、人の健康も、人の生活も、多面的な要素で成り立っています。ですから、ケアマネジャーが利用者や家族から聞き取ったアセスメント情報は、単独ではあまり意味をなしません。他の情報と結びつけることで、リアルな課題が見えてくるものであり、情報を結びつけるという視点が、アセスメントではとても重要です。

　つまり、心だけ、身体だけ、社会関係だけを別々に見るだけでは不十分であり、ケアマネジャーは、利用者を「身体・心理・社会的存在」として全人的にとらえる必要があります。

エピソード1-①：全人的なアセスメント

　「歩けない」と言う利用者がいたとします。脳梗塞の後遺症で歩行が難しくなってしまいました。これは「身体的要因」です。ただ、医師は「歩くことは必ずしも不可能ではない」と評価しています。じつは、その利用者は、歩行の練習のときに激しく転倒したことがあります。歩くことへの不安といった「心理的要因」も影響しているようです。さらに、利用者は借金を抱えており、収入は国民年金のみ。リハビリサービスを潤沢に利用する金銭的な余裕はないという「社会的な要因」もありました。

このように、「歩けない」ことが、身体的要因だけによるものではないことが想像できます。「身体・心理・社会的存在」の視点で、情報を結びつけることが大切です。こうして得た「利用者観」のもとに、その人が直面している問題状況を理解していくことで、現在の状況をより的確に把握することができるのです。

3 ▶ 望む生活を一緒に考える

　身体・心理・社会的存在の視点は、利用者と一緒に進めるアセスメントでも有用です。先ほどの事例で考えてみます。

エピソード1-②：全人的なアセスメント

　脳梗塞を発症する前、利用者は散歩の時間を何よりも楽しみにしていました。「散歩ができるようになりたい。でも、もう無理だとあきらめている」という葛藤が今の心境です。そこでケアマネジャーは、散歩をすることが無理なのかどうかを利用者と一緒に考えてみる（アセスメントしてみる）ことにしました。

　まず、医師に、歩行の可能性とそのために必要なことを、利用者がもう一度

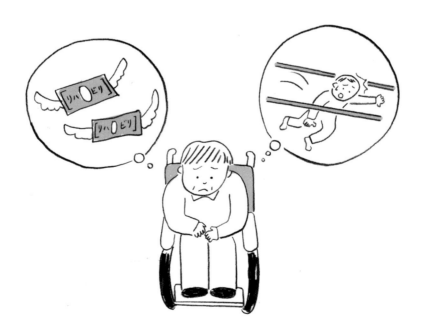

聞いてみることになりました。その際、「転倒の不安」についても医師にはっきりと告げることにしました。

次に、借金の件については、弁護士の無料相談を活用することにしました。月々の借金額を減らす方法、自己資産（持ち家）を借金返済に充てる方法、破産宣告後に生活保護を受給する方法などが検討されるはずです。

　医師からの説明や弁護士との相談は、まさにアセスメントであり、歩くことを阻む「心理的要因」と「社会的要因」の課題を明確にする過程でもあります。また、医師からの説明と弁護士との相談を経ることで、課題を解決するための手応えを利用者はつかむことができるはずです。そして、「散歩ができるようになりたい。でも、もう無理だとあきらめている」という葛藤は、「リハビリをして、散歩ができるようになりたい」という望みへと変化していくことでしょう。

　身体的な機能や能力の低下により「○○ができなくて困っている」「○○ができるようになりたい」ということだけで利用者のニーズをとらえたと思っているケアマネジャーもみられます。しかし、「生活課題」はそれほど単純ではないのが現実です。また、身体的な機能や能力を高めることはあくまで「手段」であり、生活の目標にならないことも少なくありません。ケアマネジャーは、利用者の「望む暮らし」を利用者と一緒に探し、目標を阻む課題を整理し、課題を乗り越えるための方法を考えていくことが大切です。

02 アセスメントの進め方

　アセスメントの進め方に、決められた順序はありません。ここでは、1つの例として、「アセスメントプロセス」（図3-1）を提示し、その順序にしたがって説明をしていきたいと思います。

図3-1　アセスメントプロセス

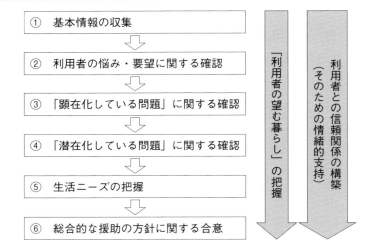

01　基本情報の収集

　アセスメントは、利用者を全人的に知ることが目的ですので、利用者や家族が心を開いて話ができる関係を、利用者や家族との間でつくっていくことが重要な鍵となります。

1 ▶「第一印象」から信頼関係の構築が始まる

　初対面の際、利用者や家族は、「このケアマネジャーという人は、親身に相談に乗ってくれる人なのかな」と不安を感じています。その点からも、ケアマネジャーが利用者に与える「第一印象」はとても重要です。

　初めての人に会うための服装としてふさわしいのか、化粧は適切かなど、訪問の前に鏡で自分の姿をチェックしておきましょう。ケアマネジャーとの出会いの印象が、その後に続く介護サービス全般の印象となることもケアマネジャーは十分に理解をしておくことが大切です。

2 ▶**再びアセスメントシートについて**

　基本情報の収集にあたっては、アセスメントシートを用いることが一般的でしょう。シートを用いることで、効率的に漏れなく基本的な情報を聞き取ることが可能です。しかし、前述した「心の痛み」のほかにも、いくつか落とし穴があります。

　アセスメントにあたっては、利用者や家族とのコミュニケーションが重要なことはいうまでもありません。その際注意したいのは、コミュニケーションは言葉だけで成り立っているのではなく、表情やしぐさなどにも、気持ちや考えが現れているということです。アセスメント情報は、生活の端々に宿っているともいわれます。利用者や家族の何気ない表情やしぐさに本音が隠れていたりするものです。利用者や家族の視線の先に何があるのかも常に考えておくことが大切です。

　ところが、アセスメントシートから目を上げることなく、質問の答えをシートに書き込むだけでは、利用者や家族の表情やしぐさに気づくことができずに、言葉の裏に潜んでいる本当の気持ちを見落としてしまうことがあります。

また、「次にこれはどうですか、その次にこれはどうですか」など、矢継ぎ早に手元にあるシートを読み上げる聞き方では、相手に対する敬意や配慮を伝えることはできません。利用者や家族が、ケアマネジャーに親近感をもつことや信頼関係を築くことは難しく、自分の悩みや要望を打ち明ける気にはなれません。

　アセスメントシートに目を落としっぱなしにするのではなく、できればシートの存在を利用者や家族に感じさせないような聞き取りを行いましょう。これこそが、相談援助の専門職の技といえるのです。

3　対話形式で利用者に語ってもらう

　本題に入る前に、「素敵な柄のお洋服ですね」「お庭の花がきれいに咲いていますね」などアイスブレイク的な一言も利用者との距離を縮める効果があります。そのうえで、対話形式で利用者に語ってもらいながら基本情報を収集します。

> **やり取りで進めるアセスメント**
>
> ケアマネジャー（以下、CM）「かかりつけのお医者さんは、○○先生ですね」
> 利用者「ここに越してきてからだから、もう30年以上、○○先生なんですよ」
> CM「それは、心丈夫ですね。ところで月に何回診てもらっていますか？」
> 利用者「糖尿病で、月2回」
> CM「糖尿病について、先生はどのようにおっしゃっていますか？」
> 利用者「薬もきちんと飲んでいるようだし、このまま頑張りましょうとおっしゃってくれています。それよりもね…」
> CM「それよりも、と言いますと？」
> 利用者「以前は、バスで行けたんだけど、ここんとこ腰が痛くて、タクシーで通っているんです」
> CM「腰が痛むんですか。それは大変ですね。いつから痛くなったのでしょうか？」
> 利用者「3か月前くらいかな」
> CM「腰の痛みについて、どこか病院にかかっていますか？」

このように、相手の答えに質問を重ねるように展開すると、会話が途切れず、自然な形で必要な情報を得ることができます。また、情報を結びつけることや広げることにもつながります。そして、特に重要なのは、利用者が「この人は私のことに関心をもって、よく話を聞いてくれる」と思うことです。一方通行ではなく、相互交流で進めることにより、「自分が話している」という感覚も生まれます。

4 ▶ 最初だから聞くことができる情報もある

　ケアマネジャーが把握しておきたい情報には、経済状況や家族関係など、一般的な会話では表出しない情報があります。例えば、収入、支出、介護に使えるお金など金銭面の情報は、一度聞きそびれると改めて質問することが難しくなります。「初回のアセスメント面接で聞くことができなければ、次回以降の面接でも聞けない」くらいの気持ちで、ズバリと聞くことも必要です。その際には、「なぜその情報が必要なのか」をきちんと説明できるようにしておきます。その説明とともに背筋を伸ばして情報を尋ねれば、利用者はきっと答えてくれることでしょう。

02 利用者の悩み・要望に関する確認

　利用者の悩みや要望の把握は、「利用者の生き方の理解」ともいえ、アセスメントにおいて、とても重要な要素です。

1 ▶ 利用者の価値観や考え方を理解するために必要なこと

　利用者理解に欠かせないのは、利用者がこれまでどのような人生を歩んできたのかを知ることです。生活歴には、利用者の価値観や考え方が息づいています。ケアマネジャーはその価値観や考え方を批判することなく、あるがままに受け入れることにより、利用者の悩みや要望の意味を改めて理解しなおすことができます。

2 ▶「利用者理解」は難しい、だから言葉で確認する

　曖昧な根拠をもとに、ケアマネジャーが勝手に「利用者観」をイメージすることはとても危険です。利用者や家族にきちんと確認せずに、「たぶんこうだろう」と

憶測で済ませてしまうと、「この人は、何もわかっていない」など、信頼を培っていくうえでの大きな妨げとなってしまいます。「要するにこういうことですね」と先回りしてしまうことも同様の結果を招いてしまいます。

利用者の言葉の端々に現れる「価値観や考え方」「悩みや要望」など、極めて大事な情報に関しては、その都度、「今のお話は、こういうことでよろしいでしょうか」と相手の表情を見ながら丁寧に確認を行うことが大切です。

3 ▶ 悩みや要望は変わるものだと心得る

悩みや要望は、時として変わることがあります。以前に聞いたときと違っていたとしても、「以前はそのように思っていたに過ぎないのだ」と心得ましょう。

人は、時間や場所、周囲の環境、あるいは体調に影響されて内面的に変化が生じます。また、夫の前では肯定的でも、娘の前では否定的になるなど、人間関係によって言葉が影響されることもあります。

ケアマネジャーは、利用者や家族の悩みや要望は変化するものであることを踏まえ、折に触れて確認していくことが大切です。

03 「顕在化している問題」に関する確認

利用者の疾病や障がい等から生じる生活の困難さや家屋の状況など、顕在化している問題についても、確認作業が重要です。

1 ▶ 互いの言葉をすり合わせることで、課題を共通理解することができる

利用者や家族からの情報の収集やケアマネジャーの観察によってある程度顕在化している課題についても、必ず一度言語化して利用者や家族に確認しましょう。同時に、利用者が疾病、障がい、生活の困難さなどをどのように理解し、受け止めているかを尋ね、言葉にしてもらう作業も重要です。たとえ利用者に認知症があっても、言葉にすることはできます。

そのような言葉のすり合わせによって、利用者、家族、ケアマネジャーは、課題を共通理解することができるのです。

2 ▶ 言葉で聞いた後に、目で確認することも大切

　利用者の心身の状況から、「できること」「できないこと」を把握する場合、必ず、利用者が毎日の生活のなかで「どのようにしているか」を確認することが必要です。そうすると、身体の状況から、当然できないであろうとケアマネジャーが思っていたことについて、利用者は予想外の工夫で、実際に「している」ことがあります。その工夫が素晴らしい場合は、拍手を送りましょう。同時に、その方法に危険はないのかというリスク管理の視点も求められます。

　一方、生活動作を行う能力が本人に備わっているかどうか、意欲があるかどうか、環境面での支援（住環境、福祉用具、介護による支援）があるかどうかなどを確認しながら、「していない」ことについて見ていくことも大切です。

3 ▶ 専門職の評価についての本人の理解も確認する

　「できる」か「できない」かの判断は、専門的な見地からの評価が必要になります。特に疾病や障がいによる場合は、医療的な視点やリスクマネジメントの視点が必要となることから、主治医や他の専門職の意見を取り入れながら、総合的に判断をしていくことが大切です。

　その際に重要なのは、本人を置いてきぼりにしないこと。専門的な見地からの評価を直接本人が聞くのは当然として、ケアマネジャーはその評価をどう受け止めたのかを確認しましょう。同時に、評価に対する理解度を確かめながら、理解が不足している場合は、わかりやすい言葉で補います。

4 ▶「意欲」の確認は焦らずに、本人のペースを尊重する

　「できる」のに「していない」場合には、日常生活上必要がないという理由のほか、本人の意欲のなさが理由になっていることがあります。ただ、意欲については、本人の生き方・嗜好にかかわってきます。また、意欲の有無を他者が判断することは難しいものです。本人との信頼関係がまだ十分とはいえない段階では、意欲の確認はいったん保留とし、次回以降に面接を重ねるなかで確認していくことも必要でしょう。

　家族がもっと意欲を出してほしい、頑張ってほしいといっても、ケアマネジャー

は、不用意に相乗りすることがないように気をつけましょう。人が人をコントロールできるものではありませんし、コントロールしてはいけません。「意欲のない理由」も、重要なアセスメント項目であるのです。

5 ▶ 顕在化した危機には、すぐに対処を必要とするものもある

アセスメントは、利用者のペースを尊重しながら進める協働作業ではありますが、利用者の生命や健康を脅かしたり、明らかに利用者の不利益が予想されたりする緊急性の高いニーズについては、その他のアセスメントは後に回すなどして手立てを講じましょう。

また、敷居などの段差、カーペットなどの敷物の状況、日常的な移動の動線上の障害物、新聞・雑誌等が床に散らかっていないか、さらには、トイレ、風呂の手すりの必要性など、転倒のリスクを避けるための視点で居宅内を観察し、利用者の同意のうえで、早めに対策を講じることが必要です。

04 「潜在化している問題」に関する確認

「ヘルパーに来てほしい」「住宅の改造をしたい」「福祉用具を使いたい」など、あらかじめ具体的な要望をもっている利用者がいます。家族の場合も、「デイサービスを利用したい」「ショートステイを使いたい」などの要望を示すこともよく見

られます。しかし、「要望」と「ニーズ」は違います。利用者が表現した要望に対応するだけでは、ニーズを解決できない場合もあれば、他によりよい解決法がある場合もあります。

1 ▶ 要望の奥に、新たなニーズが隠れていることも多い

　「ヘルパーに来てほしい」と言った利用者は、一人暮らしの孤独を紛らわすのがその理由でした。「住宅の改造をしたい」と言った利用者には、歩くのがつらくなったという理由がありました。「デイサービスを利用したい」と言った家族には、自身の健康状態の悪化という深刻な現状がありました。これらのように、利用者や家族が表現した要望の奥に、本当に解決しなければならないニーズが隠れていることが少なくありません。

　そのニーズには、本人が気づいているけれども解決策について有効な方法を知らないものもあれば、本人が気づいていないものもあります。

2 ▶ 「いいなり」にならず、潜在化しているニーズを見つけ出す

　利用者や家族の要望に添うだけでは、いわゆる「いいなりケアマネジャー」です。要望を支持的に受け止めつつも、その裏にある気持ちや状況に専門職としての視線を注いでいきましょう。

　利用者や家族は、サービスを利用したいという「要望」の手がかりをくれました。その要望によりよい形で応えられるよう、専門的見地から利用者に関する情報を多角的に把握し、「解決すべきニーズ」を探り当てましょう。

05 生活ニーズの把握

　「利用者の悩み・要望」「顕在化している問題」「潜在化している問題」で浮かび上がってきた「ニーズ（生活ニーズ）」に加え、ケアマネジャーが考えた「生活ニーズの候補」を利用者に提示し、そのニーズについて、利用者に確認と合意をとっていきます。

1 ▶ 利用者の生活を知れば、「生活ニーズ」が浮かんでくる

利用者の生活を知っていますか？

利用者が何時に起きて、どのように整容し、朝食前の時間は何をして過ごし、朝食は、誰がどんな献立を準備して、何時にどこでどのように食べるのか…。利用者の1日を知り、利用者の1週間を知り、必要に応じて、1か月や1年を知り、それを今までに把握した利用者の心身状況と重ね合わせれば、「生活ニーズ」の候補が浮かんでくるはずです。

2 ▶ 「生活ニーズ」の候補を利用者に提示する

生活ニーズの候補は、ケアマネジャーが専門職の視点でピックアップしたものです。それを利用者に提示してみましょう。その際、生活ニーズの候補に応じて、次のような言葉を添えていきましょう。

生活ニーズの候補は、次のように提示する

- ○○が不便ではありませんか？
- ○○することに不安を感じませんか？
- ○○に時間がかかるようですが、体力的にきつくありませんか？
- ○○するのはとても危険だと思うのですが、危ない目にあったことはありませんか？
- ○○を家族の○○さんにお願いしているようですが、○○さんはお疲れの様子ではありませんか？
- ○○することを誰かが助けてくれるとしたら、頼んでみたいと思いますか？

このようにして、生活ニーズの候補を提示すれば、利用者は生活ニーズ（生活の課題）を実感することができます。そのうえで、「自分にとって本当に困った問題なのか」「解決を急ぐ問題なのか」という評価を利用者自身が行うことができます。

そして、今までのアセスメントであがった「ニーズ」と合わせ、解決の優先順位を決め、解決の方法を考えていきます。

06 総合的な援助の方針に関する合意

「総合的な援助の方針」は、ケアマネジャーが専門的な見地から、いわゆる「上から目線」的に立てるものではありません。

1 ▶ ケアマネジャーには、「生きる意欲」を引き出す役割がある

ケアマネジャーは、利用者が生きがいや希望をもって生活していくことができるよう、利用者の生きる意欲を引き出す重要な役割も担っています。

「生きる意欲」は、自発的なものであり、他人が与えるものではありません。そのため、生きる意欲を支える「総合的な援助の方針」には、利用者の「合意」が必要です。

ケアマネジャーが「総合的な援助の方針」の内容を読み上げ、「これでよろしいですか？」と尋ね、利用者が「はい、それでお願いします」と答えるシーンを思い浮かべてみます。それはそれで、1つの形でしょう。ただし、そこにたどり着くまでのプロセスが問われます。つまり、利用者と一緒にアセスメントを進めてきたか否かのプロセスです。そのうえで、「利用者が選び取った援助の方針」であることが大切です。

2 ▶ アセスメントで「生きる意欲」を引き出すことができる

アセスメントは、ケアマネジャーが利用者に代わって解決すべき課題の抽出を行うのではありません。利用者と一緒に、そして、利用者が納得しながら課題の抽出を行っていくことが不可欠です。

とはいえ、利用者の生活上の困りごとや今後どのように生活をしていきたいのかなどについては、利用者自身があまり明確に意識していないことも多いのが現状でしょう。その場合は、ケアマネジャーと一緒に言語化してみることで、潜在化している課題も含めて明確化することができます。

また、課題の解決方法に関して、ケアマネジャーがインフォーマルサポートを含むさまざまな提案を示すことで、「そのようなことができるなんて知らなかった」

「あきらめていたけれど、それなら頑張れるわ」など、利用者が生きる力や希望（生きる意欲）を引き出すことができるのです。

3 ▶ 総合的な援助の方針は、利用者と一緒に決める

　援助の方針を示すのはケアマネジャーだとしても、援助を選択するのは利用者です。つまり、利用者の合意がなければ、援助の方針を決めることはできません。そして、合意は、利用者の心からの納得に基づくものである必要があります。「総合的な援助の方針」をケアマネジャーが一方的に読み上げて、形ばかりの合意をもらうという儀式は終わりにしましょう。総合的な援助の方針に対して「真の合意」を得るためのプロセスをチェックしてみましょう。

総合的な援助の方針に真の合意を得るためのチェックポイント

☑ アセスメントを利用者と一緒に進めてきたか

☑ アセスメントの過程で、利用者の「望む生活」を引き出せたか

☑ 援助の先に、利用者の「望む生活」が見えているか

☑ 利用者の生きる意欲を引き出せたか

☑ 課題を解決するための援助の方向性を、利用者と決めてきたか

03
アセスメントについての2つの覚え書き

01 ケアマネジメントは、アセスメントの連続だ

　アセスメントは1回限りでなく、繰り返して継続的に行う作業です。初回面接は極めて重要ですが、その時間内に身体機能、健康の状態、毎日の過ごし方、家族のこと、住居環境、生活歴などのアセスメント情報を網羅的に収集できるわけではありません。初回面接は、相手の価値観や考え方を知る大きな機会であり、信頼関係を築く大切な段階です。できるだけ多くの情報を集めようと、こちらのペースで質問を繰り出せば、相手は心を開いてはくれず、アセスメントの内容は薄っぺらなものとなってしまいます。いや、そればかりか、相手の価値観や考え方は闇の中に埋まり、信頼とは逆方向の関係に陥ってしまいます。

　利用者のペースに配慮し、「利用者の納得」を大前提にしたうえで、時には、さらりとアセスメント情報を入手したりするなど、緩急自在の変化でアセスメントを進めましょう。1回の面接でアセスメントを終わらせようとせず、回を重ねながら信頼関係を育てていくことも大切です。継続性のなかにアセスメント情報の広がりと深さが生じてくるのです。

　また、「いつ、いかなるときも、アセスメントである」という認識が必要です。アセスメントは「利用者理解」のプロセスだともいえます。人が人を理解することがどれほど難しいものかは、よくおわかりだと思います。夫婦ですら、相手の心がすべて読めるわけではありません。ましてや、新しく会ったばかりの利用者です。サービス担当者会議の席で、モニタリング訪問で…。ケアマネジメントプロセスは、アセスメントの連続です。

02 支持的であるということ

　ケアマネジャーと会うはるか以前から利用者の生活は続いています。生まれ、育ち、多くの経験を重ね、喜び、笑い、嘆き、泣き、悲しみ…。楽しみと憂いを懐に抱え、困難を乗り越え、老いていきました。

　そして、病気や障がいという新しい課題を抱え、ケアマネジャーの前に現れた利用者。その利用者に、あなたはどのような言葉をかけますか？　どのような姿勢で接しますか？

　さらにもう1つ。利用者は、目の前にいるケアマネジャーに、通常なら他人には話さないプライベートな話をしてくれるのです。あなたはどのような態度でその話を聴きますか？

　「支持的である」ということは、単なる技法ではありません。利用者と接するときに起こる自然な感情です。要介護状態になり、不安に包まれている利用者を見つめるときの自然な視点です。プライベートな問題を語ってくれる相手に対する礼節ある視点です。

　「支持」の対極にあるのが、「指導」という言葉でしょう。あなたは、どちらの視点でアセスメントを行いますか？

　「支持的な視点」ですか？　「指導的な視点」ですか？

　前述しましたが、アセスメント情報には、以前できていたことができなくなったという「心の痛み」を伴っているものも少なくありません。その痛みを少しでも和らげ、希望ある暮らしへの歩みをサポートするのがケアマネジメントです。アセスメントを行うすべての時間、ケアマネジャーは利用者に対して支持的でありたいものです。

第 4 章

プランニング
「こんなことできたらいいな」を考える

01 利用者と一緒につくるケアプラン

02 利用者の「思い」や「気持ち」に添ったケアプラン

03 「ストレングス」はケアプランの屋台骨

04 家族とケアプラン

01
利用者と一緒につくる ケアプラン

01 なぜ一緒につくるのか

1 ▶ ケアプランの魅力

　ケアプランをざっくりと定義すれば、「望む暮らしを実現するための計画書」ということになるのではないでしょうか。よくできたケアプランは、本人のやる気（モチベーション）を高めます。家族の気持ちを本人へと向かわせます。ケアチームは共通の目標をもつことができます。たかが紙、されど紙。つくり方次第では、ケアプランは魅力にあふれた紙になるのです。

2 ▶ 「一緒につくる」ということ

　望む暮らしを実現するためには、目の前にある課題を解決していかなくてはなりません。もちろん課題を解決するのは、ケアマネジャー（援助者）ではなく、利用者本人です。その作戦書ともいえるケアプランには、利用者本人の意思が全面的に反映されている必要があります。そのためには、ケアマネジャーが一人で勝手にケアプランを作成するのではなく、「利用者と一緒につくる」必要が出てきます。その協働作業により、さまざまな可能性がケアプランに宿ります。

02 一緒につくることで生まれる「可能性」

　ケアプランを利用者と一緒につくることで、次のような可能性がケアプランに生まれます。

一緒につくるケアプラン──利用者にとっての8つの可能性

① 目の前にある課題の確認と整理ができる
② 自分がどのような暮らしを望んでいるのかがわかる
③ 利用できる制度や支援してくれる人たちを知ることができる
④ 家族が自分に寄せる思いを知ることができる
⑤ 課題が解決できそうなことを知る
⑥ 望む暮らしが実現できそうなことを知る
⑦ 課題を解決し、望む暮らしを実現するための方法がわかる
⑧ 自分の力を再認識でき、前向きに生きる気持ちが湧いてくる

　ケアマネジメントプロセスは、アセスメント、ケアプランの作成、サービスの提供、モニタリングと段階を追って進みますが、実際の支援では、各段階は、重なり合いながら進みます。エピソードを紹介します。

エピソード1-①：利用者と一緒につくるケアプラン

　その女性（75歳）は、商店街の一角に長年住んでいます。今は一人暮らしです。商店街の人から、「女性の自宅から悪臭が漂い、商売に支障をきたしている」との連絡を受けました。

　訪問すると確かにひどい悪臭でした。自己紹介をすると、「介護保険なら断ったよ。あれは、面倒な割には役に立たないね」と言い、「自分で買い物や外食にも行けるし、特段の困りごとはない」と続けます。

　私は、「介護保険を使うか使わないかは自由なので、少しお話をお聞かせいただけませんか」とアプローチしました。最初は警戒の色を見せた本人でしたが、話し好きなのか、しだいにいろいろなことを話してくれました。

　買い物に行くのは近くのコンビニで、毎日弁当を買う。外食は、大通りの向こう側の寿司屋に週1回通う。その他、遠方の家族から時々電話がある。これらを、「とても楽しみにしている」ということでした。

　介護保険を断った理由を尋ねたところ、ケアマネジャーからいろいろな指示

を受けるのが嫌だったのだと言います。例えば、寿司屋に行くのに大通りを横断するのは危ないから、出前を頼むように言われたようです。本人に聞くところによれば、横断歩道は遠回りなので車道をそのまま横切るそうで、確かに危ないのは否めません。また、コンビニ弁当は塩分が多いのでヘルパーがつくる食事を食べるようにも言われ、実際にヘルパーが来て食事をつくるようになったけれど、息苦しくて断ったそうです。

　ちょうど、本人はコンビニに出かける時間だということで、私は、同行することにしました。円背があり、シルバーカーを押して歩きます。速度はゆっくりですが、足取りは比較的しっかりしています。コンビニに着くと、店員があいさつをします。顔なじみのようです。本人は、弁当と飲み物を選び、千円札を出して買い物を済ませました。釣りは小銭で大きく膨らんだ財布に入れます。店員と笑顔を交えながらよく話します。

　近隣の商店街からの苦情が本人に届いているのかどうかは、この時点ではわかりません。そのあたりを確認する機会が訪れました。

エピソード1-②：利用者と一緒につくるケアプラン

　コンビニから帰り、私が「いい商店街ですね」と話すと、「そういう店ばかりじゃない」と曇った表情で返します。私はこの機をとらえ、「ご近所から何か言われているのですか？」と問いかけました。すると本人は、「近所の店の人から変な目で見られている」と話し、「でも、この家を絶対に動きたくない」と口調を強めます。私は、「ご自宅に住み続けるためには、どうしたらよいかを一緒に考えていきませんか？」と尋ね、本人の承諾のもとに、援助関係を結ぶことになりました。

　本人は、近所からの苦情を肌で感じていたようです。そして、「この家を絶対に動きたくない」という強い意志。これは、「本人が望む暮らし」の根幹部分にあたります。

エピソード1-③：利用者と一緒につくるケアプラン

　自宅に住み続けるために、どうしたらよいかを一緒に考えるにあたり、次の2つの質問を行いました。質問と答えは次のとおりです。

［質問1］　今の生活を続けるにあたって、これだけは絶対に譲れないことを教えてください。

［答え］　この家を絶対に動きたくない。毎日コンビニに行って話す。毎週寿司屋に行ってなじみの客と話す。

［質問2］　暮らしのなかで「ここが大変」と思っていることを教えてください。

［答え］　最近もの忘れが多い。買い物をすると小銭がたまって困る。コンビニの店員から「昨日も同じ物（弁当以外）を買った」と言われる。コンビニの弁当は飽きたけど自分は食事をつくれない。寿司屋に行くときに車道を渡るのが怖い。部屋に物がたくさんありすぎて困る。

　質問2については、私から「例えば○○については、大変ではありませんか？」という質問も交えたりしながら、数多くの「大変」を引き出していきました。

「これだけは絶対に譲れないこと」は、まさに「望む生活」にあたります。「居宅サービス計画書」では、「利用者及び家族の生活に対する意向」（第1表）や「長期目標」（第2表）に記載する内容と重なります。また、「暮らしのなかで大変だと思うこと」の内容は、「生活全般の解決すべき課題（ニーズ）」（第2表）に該当するでしょう。後は、専門職の目から見たアセスメントを加え、それぞれの課題の解決方法を一緒に考えていけば、望む暮らしに向けてのケアプランができあがります。

エピソード1-④：利用者と一緒につくるケアプラン

　コンビニと寿司屋には、これまでどおり通い続けることを大前提として、本人と一緒に、課題を解決する方法の検討を始めました。

　近所の店の人から変な目で見られないようにするために、たまっているごみを捨て、家の中を掃除することにしました。これについてはヘルパーが手伝うこととし、介護保険の範囲外の大掃除については、専門の業者を頼むことにしました。

　もの忘れが多いことについては、一度、専門の外来クリニックに診てもらうことになりました。

　買い物のときにお札を出すのは仕方がないこととして、財布に小銭がたまっ

たら、お札に両替をしてもらうことにしました。また、同じ物を買わなくてすむように、コンビニへ行くときにノートを持っていき、買い物をしたときには、レシートを貼ってもらうことにしました。

コンビニの弁当が飽きたという件については、民間の宅配弁当を紹介しました。何度か試食をした結果、味を気に入り、宅配弁当を利用することになりました。なお、前のケアマネジャーがコンビニ弁当の塩分の高さを指摘したということが気になり、「塩分を控えるように言われているのですか」と尋ねたところ、血圧が高くて通院をしていたということがわかり、通院を再開することにしました。

寿司屋に行くときの大通りの横断については、遠回りでも信号と横断歩道のある所で渡ることにしました。これについては、ケアマネジャーである私と何度か練習を行いました。

介護保険サービスは、ヘルパーの利用が週1回のみです。ケアプランの骨組みが決まったところで、本人の了解を得て、「悪臭が漂って困る」と知らせてくれた商店街の人にあいさつに行きました。

まず私は、異変を知らせてくれたことに対する感謝の気持ちを伝えました。続いて、本人はずっと自宅に住み続けたいと思っていること、そのために住まいの清掃を始め、改善に向けた方向性が見つかったことを報告しました。そして、これからも本人を見守ってほしいとお願いしました。その人は、じつは民生委員で、その後サービス担当者会議に出席するほか、安否の確認を行ってくれることになりました。

課題解決へ向けて協働作業が始まりました。納得のできる方法を本人と一緒に探します。また、机上で解決策を考えるだけではなく、コンビニや商店街に足を運ぶなど、実行可能な方法を調整しました。

エピソード1-⑤：利用者と一緒につくるケアプラン

遠方の家族からの電話を楽しみにしていることにも注目しました。遠方の家族とは長男の嫁です。長男よりも嫁のほうを頼りにしているようでした。たま

には顔を見せに来てほしいという気持ちがあるのですが、遠方（新幹線で3時間程度）であるため、自分からはなかなか言えなかったそうです。

「ごあいさつ申し上げたいので、ご紹介くださいますか？」と電話をかけてもらいました。おそらく、長男の嫁が電話に出たのでしょう、本人は目を細めて話しています。その後で話をさせてもらい、一通りのあいさつの後、「ケアプラン作成にあたり会議を開きたいので、一度お越しくださることは可能でしょうか」と依頼したところ、快く受けてもらいました。そのことを告げると本人はとても喜びました。

そして、サービス担当者会議に出席した長男の嫁は、「皆さんに支えてもらい、義母は幸せだと思います。この素敵な暮らしがこれからも続くことを願っています」と発言しました。私はこの言葉をそのまま「利用者及び家族の生活に対する意向」の欄に書き込むことにしました。

本人の「楽しみにしている」という言葉は、ケアプラン作成における1つのキーワードでした。ニーズは、「解決すべき課題」だけではありません。「楽しみのある暮らしを送ること」もニーズなのではないでしょうか。本章の「『こんなことできたらいいな』を考える」という副題は、まさに「楽しみのある暮らしを継続（または実現）」することに通じます。

ケアプランができたとき、本人の前で「利用者及び家族の生活に対する意向」

（第1表）を読み上げました。長男の嫁の「意向」を聞いたとき、本人の目から大きな涙が流れ落ちました。

エピソード1-⑥：利用者と一緒につくるケアプラン

もの忘れ専門外来の受診の結果、アルツハイマー型認知症と診断されました。本人は、「ああ、やっぱりね」と気丈に受け止め、一人暮らしを元気に続けています。また、そのもの忘れ専門外来は、「認知症があってもよりよく生きる」ために、いろいろなしかけを行っているところで、本人も専門外来が開催するイベントに楽しそうに出かけています。

コンビニには「レシートノート」を持って毎日通い、少しの買い物と（何も買わない日もあります）、店員との会話を楽しんでいます。

寿司屋通いも続いています。もちろん、横断歩道経由です。

民生委員は、安否確認と一緒に総菜の差し入れをするようになりました。「栄養をちゃんととって、長生きしてね」と言われているそうです。

高血圧外来にも通い、血圧を安定させる服薬が始まり、ヘルパーの仕事に「服薬チェック」が加わりました。

長男の嫁は、半年ごとに来てくれるようになりました。その日は、民生委員から近況の報告を受けるという関係もできました。また、必要があれば、その日に合わせてサービス担当者会議を開きます。

「商店街の困った人」は、「商店街から温かく見守られる存在」へと変わっていきました。じつは、このエピソードには、先ほど紹介した、"一緒につくるケアプラン――利用者にとっての8つの可能性"のすべての要素が含まれているのにお気づきでしょうか。利用者と一緒につくるケアプランには、本当に素晴らしい力があるのです。

02 利用者の「思い」や「気持ち」に添ったケアプラン

01 嘘は書かない、上から目線にならない

　ケアプランのなかで、利用者の意思（思い）や感情（気持ち）を表す場所があります。「居宅サービス計画書」でいえば、第1表の「利用者及び家族の生活に対する意向」、第2表の「生活全般の解決すべき課題（ニーズ）」、「目標（長期目標・短期目標）」があげられるでしょう。

　例えば、「生活全般の解決すべき課題（ニーズ）」については、「○○したい」と本人のポジティブな意思や感情を書くことが推奨されています。他方、「○○したい」という書き方に限定しなくてもよいという意見も根強く、その理由としては、ここは「生活ニーズ」を記入する欄であり、「○○したい」という表現だけで言い表すのには無理がある、また、望む生活を言語化できる利用者ばかりではないというものです。

　私も、後者の意見に賛成ですが、「この書き方でなければならない」という決まりはありません。個々の事情に即して、適切な書き方を選べばよいのだと思います。

　ただし、2つだけ守りたいことがあります。利用者の思いや気持ちを表す欄に記入する際には、「嘘は書かない」「上から目線にならない」ということです。

　当たり前のことですが、「○○したい」と書くことができるのは、本人がそう思っていることが前提であり、ポジティブな表現がよいからという理由だけで、「○○したい」と書くことはできません。また、本人が納得していないのに、ケアマネジャーが専門職目線（上から目線）で、「○○する必要がある」などと書いてしまっては、利用者の気持ちはケアプランから離れてしまいます。エピソードで考えていきましょう。

エピソード2-①：利用者の思いや気持ちに添ったケアプラン

　その女性は主婦として家庭を守り、子どもを3人育て上げました。子どもの独立後は、夫と二人だけの生活を続けています。

　70代半ばで脳梗塞を発症。急性期病院を経て、リハビリ専門の病院に転院しました。自宅に帰ったのは、発症から5か月後のことでした。右片麻痺が残りました。ADL（Activities of Daily Living；日常生活動作）でおおむね自立しているのは、食事と伝い歩きの屋内歩行のみ。杖を使用して屋外歩行はできますが、不安定なため見守りが必要です。排泄、入浴、更衣などについては何らかの介助が必要です。IADL（Instrumental Activities of Daily Living；手段的日常生活動作）のうち、家事も一人ではできない状況です。

　リハビリ病院の退院前カンファレンスでは、「身体機能のレベルを維持するために、退院後もリハビリを継続するように」との指摘が医師からありました。その場では、本人はうなずきながら聞いていたのですが、本心は違いました。カンファレンスの後、「病院でのリハビリは、とてもつらかった」と本人が言うのです。「自宅に帰ったらゆっくりしたい。もう、リハビリはやりたくない」と続けます。

医師の前で見せる態度と本当の気持ちが違っていることは珍しくありません。ただ、このケースの場合、医師の説明が十分に伝わっていないことや、病院での治療や訓練が本当につらいものであったことが考えられるので、私は、その辺りを確認してみることにしました。

エピソード2-②：利用者の思いや気持ちに添ったケアプラン

「病院の先生が退院後もリハビリを続けなさいと言うのは、そうしないと、暮らしのなかでの動作ができづらくなると心配しているのだと思いますよ」

医師の言葉を説明してみても、さらには、「病院で行っていたリハビリの方法がつらいと感じるのなら、もう少し楽な方法を検討することもできますよ」と提案しても、「リハビリは、もうたくさん。この歳だから、からだが動かなくなってもいい」とかたくなです。

本人の意思を夫に告げると、「せめて今の状態を維持してもらわないと自分の負担が大きくなる。この先、家事も自分がやることになるのだから…」と顔を曇らせます。

これからの二人の暮らしを考えると、夫の意見のほうに分があるように思います。いや、それよりも、自分の健康を損ないかねない選択をしようとする本人の意思を全面的に支持するわけにはいきません。

ケアプランは、本人が納得して作成するものであり、この時点で、第2表の「生

活全般の解決すべき課題（ニーズ）」の欄に、「身体機能を維持するために、リハビリの必要がある」と「上から目線」の記入をするのはふさわしくありません。もちろん、「身体機能を維持するためにリハビリをしたい」などと「嘘」を書くことも不適切です。私は、時間をかけて本人と話し合うことにしました。

エピソード2-③：利用者の思いや気持ちに添ったケアプラン

　話し合うなかで、「リハビリはやりたくない」という言葉の背景にある「思い」や「気持ち」が浮かび上がってきました。短い言葉で表現するなら、それは「あきらめ」や「悲しさ」でした。「こんなからだになって、何の楽しみもない」「リハビリをしたって、元のように治るわけじゃない」「長年やってきた主婦の役割を何もできない」。それに加えて、「もともと運動が苦手で、きついことが嫌」ということもわかりました。本人にとって、リハビリは「きつい運動」だったのです。

　私は、本人の「思い」や「気持ち」を受け止めるとともに、「思い」や「気持ち」に添った情報提供を心がけました。例えば、①リハビリをすれば、家事が少しずつできるようになること、②リハビリをやめれば、できないことが増え、今よりももっとつらくなること、③夫は「リハビリを続けてほしい」と思っていること、④（離れて住んでいる）子どもたちも「お母さんには、元気でいてほしい」と思っているはずであること、⑤私たち専門職も、○○さん（本人）が元気であり続けられることを強く望んでいること、⑥それほど無理せずに続けられるリハビリの方法を提案できること、そうした情報を一つひとつ伝えていきました。

エピソード2-④：利用者の思いや気持ちに添ったケアプラン

　その結果、「○○したい」や「○○が必要」という表現とはひと味違う、本人の気持ちに添ったケアプランを一緒に考えることができました。以下は、第2表のニーズの欄に並んだ文面です。
・「本当は動くことが苦手できついことが嫌だけど、このままだと動けなくなるのもわかるため、やむなくリハビリを継続する」

- 「主婦の役割が果たせないことが悲しい。元の状態に戻らないことはわかっているけど皆が勧めるので、少しリハビリをやってみてもよいと思っている」
- 「今は無理だけど、先々夫と一緒に家事の一部でもできる可能性があるなら少しリハビリをしてみる」
- 「包丁はまだ使えないけど、調理の順番を教えたり、味見をしたりはできるので、夫と一緒に料理をやってみる」

　このように、本人の意思や感情をしっかりと入れた内容を記載することが、これからの暮らしに向けて踏み出す「第一歩」につながります。同時に、本人がどのような気持ちで第一歩を踏み出そうとしているのかが、ケアチームのメンバーにも伝わります。このケースでいえば、「あまり気乗りしないけれど、やってみる」という気持ちです。
　そのような環境のなかで、本人が一歩ずつ成功体験を重ねていきながら、少しずつモチベーションを高めていくことができれば、次のステップへ向けて、今度は「○○したい」と書くことができるかもしれません。

02 気持ちに付き合い、できることから一歩ずつ

1 ▶ 気持ちに付き合う

　ケアプランを利用者と一緒に考えていると、「もう少しすれば」と言われることがあります。「こうしたい」「こうなりたい」という望みを聞いているときに、そんな声が聞こえます。何が「もう少し」なのでしょうか？　おそらくは、今の状況を受け入れられずに、気持ちの整理ができないということなのかもしれません。時が苦悩を薄めることに期待を寄せているのかもしれません。だから、今は「望み」を考える気分ではないということなのでしょうか。

　そんなとき、緊急性がないなど、時間が許せば、利用者の気持ちにしばらく付き合ってみることも必要です。

　同時に、なぜ今の状況を受け入れられないのか、受け入れたくないのか、受け入れたくても何かが邪魔をしているのかなどを考えたり、利用者と一緒に話し合ったりすることが大切です。そうすることで、利用者の思いや気持ちがわかり、さらには、新しいニーズが見つかることがあります。

2 ▶ 「手応え」を重視する

　ケアプランは、「未来の自分に向かって進む計画書」です。たとえ利用者の思いや気持ちに寄り添ったプランができても、それを着実に前進させるためには、「計画倒れ」にならないよう配慮することが大切です。

　できることから一歩ずつ。

　あれもこれもと欲張らず、「手応え」を重視したケアプランをつくりましょう。一歩進んだことを実感すれば、次の一歩の足取りはより確かになります。最初のケアプランは、肩の力を抜いて、「暫定版」程度の気持ちで始めてもよいのかもしれません。ケアプランのイメージが湧かない利用者に対しては、「とりあえずやってみませんか？」程度の軽い誘いかけでケアプランを作成する方法もあるでしょう。

　歩き出し、手応えを一つひとつ積み重ね、「望む暮らしを実現するための計画書」へと成長させていきましょう。

03 「ストレングス」はケアプランの屋台骨

01 ストレングスは多種多様

今まで見てきた「利用者と一緒につくるケアプラン」も「利用者の思いや気持ちに添ったケアプラン」も、その屋台骨となっているのは、「あなたはできる」「あなたは強い」「あなたには力がある」「あなたの力を賞賛する」「あなたの力を信じる」というストレングスの視点です。

英語のストレングス（Strength）には、強さ、強み、力、能力、知力、勇気、長所など、いろいろな意味があります。これに個別性の視点を加えれば、利用者のストレングスもじつに多様になることを知っておきましょう。以下、多種多様なストレングスを例示してみます。

いろいろなストレングス

● **性格・気質**

やさしい、厳格、おおらか、まじめ、のんびり、せっかち、大雑把、几帳面、遊び好き、仕事好き、愉快、気難しい、がんこ、柔軟性がある、おしゃべり、物静か、謙虚、積極的、ロマンチスト、リアリスト、気が長い、短気、自由気まま、責任感がある、クール、ホット、器用、不器用、無邪気、大人っぽい、辛抱強い、飽きっぽい、新し物好き、物持ちがよい、わがまま、思いやりがある、地味、派手、負けず嫌い、お人好し、気が強い、涙もろい、よく気が利く、おせっかいなど

● **趣味、特技、才能**

旅行、音楽、絵画、写真、読書、絵手紙、書道、ペン習字、映画、演

劇、落語、漫才、テレビ、ラジオ、買い物、おしゃれ、ネイルアート、お香、アロマセラピー、散歩、スポーツ（運動）、外出、温泉、外食、居酒屋、バー、飲酒、料理、パンづくり、菓子づくり、漬け物づくり、裁縫、手芸、編み物、刺繍（ししゅう）、生け花、フラワーアレンジメント、茶道、日本茶、珈琲、紅茶、中国茶、日曜大工、修繕、洗濯、掃除、部屋の片づけ、園芸、盆栽、野菜づくり、各種の収集、陶芸、和歌、俳句、川柳、座禅、写経、めい想、おしゃべり、ペット、インターネットなど

● **生活する力、生きる力**

自己決定する力、情報を理解する力、精神および身体的自立、生活課題を理解する力・受け止める力・解決する力、家事をする力、（外出するしないにかかわらず）買い物をする力、人と交流する力、社会的に認められる力（社会的地位）、孤独に耐える力、家族と和を保つ力、相手の考え方を聴く力、自分の考えを人に伝える力、自分の考え方を主張する力、相手の助言を受け入れる力、異なる価値観を認める力、教養、美を愛でる力、平和を愛する力、経済力、社会的規範を理解・遂行する力、自分の信じることを遂行する力、健康を保つ力、老いを受け入れる力、自分の疾病や障がいを受け入れる力、「○○したい」と思う力、「望む暮らし」を言葉にする力、支援を受け入れる力、家族を愛する力、他者を愛する力、自分を愛する力など

● **利用者を取りまく環境**

家族との関係、親戚との関係、近隣との関係、生活圏内の商店街や飲食店との関係、友人・知人などの人的資源、主治医等との関係、ケアチームのメンバーとの関係、行政等との関係、家屋環境など

　ストレングスは、じつに多種多様であり、一人の利用者はいくつものストレングスをもっています。利用者は「支援が必要な人」であると同時に、「大いにできる人」なのです。認知症でも、寝たきりでも「できること」は、たくさんあります。その視点に立ってケアプランを考えれば、「こんなことできたらいいな」を取り入れた計画書を作成することができます。

02 見方を変えると新しいストレングスが見えてくる

　いわゆる「短所」が「長所」になることを知っておくと、ストレングス探しが、ケアマネジャーにとっても、本人にとっても、がぜん楽しくなってくることでしょう。見方を変えてみませんか。例えば、次のように…。

> **見方を変えると、「短所」が「長所」になる**
> - 落ち着きがない→いろいろなものに興味がある、動くことが好き
> - がんこ→自分の意見を言える、自分の考え方や習慣を大切にする
> - 悲観的→注意深く考え、何事にも慎重
> - わがまま→自分の気持ちを正直に話すことができる
> - プライドが高い→自分に自信があり、気品のある態度が取れる
> - 冷たい→感情的にならずに、落ち着いている
> - 臆病→感情がこまやかで、慎重に物事を判断する
> - 内気→相手を立てることができる、落ち着いている
> - 短気→気持ちの切り替えが早い、決断が早い
> - 寂しがり→優しい、人と協調することができる
> - 神経質→人の気がつかない所まで目が届く
> - ずぼら→おおらかで細部にこだわらない
> - 依存心が強い→人に頼ることができる

　短所を長所に読み替えると、ケアプランづくりも変わります。まず、ケアマネジャーの利用者を見る目が変わります。それが、ケアチームへも伝わり、利用者がまとっていた短所のレッテルが剥がれ、多くの場合は、「支援困難な人」ではなくなります。

　ケアマネジャー、さらにはケアチームメンバーの見る目の変化は、利用者本人に伝わります。人は、自分を理解してくれる存在をどれほど心強く感じることでしょうか。本人は、最大の理解者であるケアマネジャーとこれからの暮らしの設計図を

描き、頼もしいケアチームのメンバーとともに、自信に満ちた歩みを始めることでしょう。

03 ストレングスの見つけ方

1 ▶「一人暮らし」というストレングス

　一人暮らしであることのよさもプランに活かすことができます。

　「高齢者単身世帯」の増加は、「社会問題」だといわれます。家族はもとより社会の多くの人は、高齢者、とりわけ介護が必要な人の一人暮らしを「危ないもの」と思う傾向にあります。

　「一人暮らしは心配だから施設に」「一人では何かあったときが心配」「認知症があるのに一人暮らしはさせられない」など。確かに一人暮らし特有のリスクはあるでしょう。しかし、「強み」もあります。例えば、次のようなストレングスです。

一人暮らしのストレングス

- いろいろな生活上の動作が必要になるために、心身レベルを維持できる。
- 同居家族がいないため、家族間で生じるストレスが少ない。
- 認知症がある場合、家族とのストレスで生じるBPSD（Behavioral and Psychological Symptoms of Dementia；行動・心理症状）が起こりづらい。
- 自分の好きな時に好きなことができる。
- もっぱら自分の意思で、ケアプランを決定できる。
- 高齢者の一人暮らしゆえに、地域の人たちが気にかけてくれる。
- 訪問介護の生活援助や配食サービスなど、利用しやすい介護・福祉サービスがある。

　これだけのメリットやストレングスがあるのに、例えば、「一人暮らしは寂しいのでは」とか「対人交流が必要」などの固定観念でサービスを提案すると、「理解してくれていない」と思われてしまうことがあります。

エピソード3-①：一人暮らしの利用者が最優先したもの

　昔教員をしていた男性利用者がいました。定年退職と同時に、1日のほとんどの時間、自宅に籠って生活するようになりました。その理由は、退職金のかなりの部分を割いて購入したという高級な電子顕微鏡を使って、昔から続けている研究に没頭したからです。

　本人は結婚歴がなく、現役時代に親が亡くなってからは一人暮らしです。定年までは、学校と往復する毎日を送っていたため、周囲との付き合いはほとんどありません。

　そのような生活が日々続いていましたが、買い物先で脳梗塞を起こして入院。退院後、担当ケアマネジャーとなり支援が始まりました。

　アセスメントの結果、「身体機能の維持・回復」「家事支援」「買い物の支援」などのニーズの候補が浮かび上がりました。該当するサービスとしては、それぞれ、通所リハビリテーション、訪問介護による生活援助、訪問介護による買い物支援があげられます。

エピソード3-②：一人暮らしの利用者が最優先したもの

　ケアプラン作成の過程で、本人が「支援してほしい」と言ったのは、買い物だけでした。「重いものを片手で持って歩くことが難しいのでそれだけ手伝ってもらえばありがたい」と言います。それ以外の生活の不自由さは本人にとっては何の苦痛でもないそうです。また、デイケアに通う時間はもったいなく、自分でできるリハビリのメニューを紹介してもらい、研究の空き時間に取り組むということになりました。

　毎日の暮らしのなかで本人が最優先したものは、今までどおり、顕微鏡を覗きながら進める研究だったのです。

2　心地よさを感じるストレングス

　次のエピソードは、在宅ターミナルの利用者へのケアプランです。ケアプランは、利用者とのコミュニケーションを通じて作成するのが原則なのですが、この利用者の場合は、言語によるコミュニケーションが難しくなっていました。

エピソード4-①：心地よさを感じる利用者の力

　在宅でのターミナルステージに突入した女性利用者です。日本舞踊や古典音楽に通じ、後進の育成にも長年にわたり携わってきましたが、脳塞栓、転倒による外傷性脳出血、運動性失語、認知症の進行を経て寝たきりの状態となりました。頻回な吸引や酸素投与などの継続的な医療処置も必要です。言語によるコミュニケーションは難しい状況です。

　医療的アプローチとは別に、どのようにすれば「心地よいケア」を提供することができるかを模索した私たちは、現在の状態になる前の生活やケアにそのヒントを求めました。

エピソード4-②：心地よさを感じる利用者の力

　徘徊がしばしばで、精神的に不安定な状態が続いていた頃、家族が週に何度もドライブに連れ出したり、認知症ケアに定評のある通所介護を利用したりなど、精神的な安定を求めた試みを続けていました。そうした試みのなかで、好きな音楽が流れていると表情が和らいだことを思い出しました。

　ターミナルステージにある本人は、きつそうに顔をゆがめたり、不安そうな表情を見せたりすることが多くなりました。私は、「好きな音楽を枕元で流してみたらどうか」と提案してみました。

　音楽を流し始めると、なんと、それまで眉間にしわを寄せていた本人の表情が柔らかくなりました。そればかりか、閉じていた目を開こうとする動作も時折みられるようになりました。

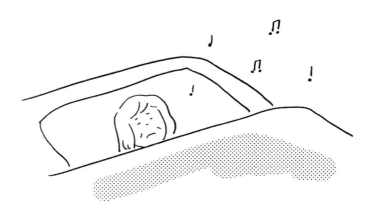

　手応えはありました。ただし、偶然ということも考えられます。そんなとき、小さな事件が起こりました。

エピソード4-③：心地よさを感じる利用者の力

　音楽の効果は、ケアチームにとっても喜びでした。そんなある日、ヘルパーが音楽に合わせて手拍子をしました。その時本人は、とても嫌な表情をしたのです。おそらく、その音楽は手拍子をするような曲ではなく、静かに聴く音楽だったからでしょう。

　その推測が的を射たものであったことが、家族の一言ではっきりすること

になります。家族がヘルパーを傷つけないように事前に断ったうえで、本人の耳元で話しかけました。
「ごめんね。手拍子するような曲じゃなかったね」
すると再び本人の表情が柔らかくなりました。

　この出来事を機に、「本人が好きな音楽を、表情を確認しながら日常的に静かに流す」ことをケアプランに位置づけました。そしてもう一つ、大切なことがわかりました。言葉による返事はなくても、こちらからの言語によるコミュニケーションが届いているという事実です。そこで、「表情を見ながら、本人に積極的に語りかけ不安を軽減する」こともケアプランに盛り込みました。
　そのどちらもが、本人が「心地よさや言葉を感じ取ることができる」というストレングスを根拠にして導いたものでした。

04 家族とケアプラン

01 家族にどのように向き合うか

1 ▶ 利用者が主役のケアプランをつくる意味

　私たちケアマネジャーは、利用者本人と事業所との契約のもとに仕事をしています。ケアマネジメントの対象は利用者本人。ケアプランの第1表には、「利用者及び家族の生活に対する意向」の記入欄がありますが、ケアプランの主役は、あくまでも本人です。私たちは、「利用者と家族の意見の相違」によく出会います。そんな場合も、「利用者寄り」がポジショニングの基本です。

　もちろん、利用者は「家族の関係性」のなかで暮らしており、場合によっては、いや、往々にして介護者である家族を支える必要は出てきます。それでも優先するのは利用者本人です。ケアマネジメントの基本である「利用者が主役」を念頭においたケアプラン作成時の留意点を整理してみます。

利用者が主役のケアプランを作成するうえでの5つの留意点

① 利用者との面接で本人の思い（望み）を聞き、ケアプランに反映する
② 利用者との面接を基に、ニーズ（課題）を抽出する
③ 利用者の了解なしにサービスをコーディネートしない
④ 目標（長期・短期）は利用者と一緒に考える
⑤ 家族との面接を中心にしてケアプランをつくらない

　以上の5つは、ケアマネジャーの皆さんにとっては、あまりにも当たり前すぎる基本中の基本でしょう。ところが、こんなことはありませんか。

- 家族介護者の苦労話を聞いて大いに同情し、家族本位のケアプランをつくってしまう。
- 家族介護者の共倒れを防ぐため、家族と相談してショートステイなどの日程を決め、後で利用者を説得する。
- 「(利用者本人は)認知症なので、何もわからないから…」などの家族の言葉を是正できず、家族との面接を基にケアプランをつくってしまう。
- 熱心な家族介護者の言うとおりにケアプランをつくってしまう。
- 家族の希望を取り入れたケアプランをつくり、家族やサービス担当者と一緒になって、利用者を説得する。

　いずれの場合も、最初から利用者本人を軽んずる意図はなかったのかもしれません。利用者のためによかれと思ってそうしたのかもしれません。特に、利用者に認知症があったり、意思の疎通が難しかったりする場合に、上記のようなことがみられる傾向にあるようです。

　家族は、「以前のように会話はできない」と思っています。以前に比べれば、そのとおりかもしれません。だからといって、会話ができないわけではなく、物事を理解できなくなったわけではありません。問題なのは、利用者本人に対する家族の対応の数々が、本人に疎外感を抱かせ、自信を失わせていることなのです。

　ケアマネジャーが利用者に語りかけることで、家族は利用者の能力を再発見するはずです。コミュニケーションの方法を学習することもできます。いやそれよりも、利用者とコミュニケーションを通わせながらケアプランをつくることで、利用者の疎外感は軽減し、自信がよみがえり、生きる意欲が再び湧いてくるのです。利用者が主役のケアプランをつくるということには、とても重要な意味があるのです。

2 ▶ 利用者本人と家族の関係を知る

　家族にとっての利用者の位置、存在というものはそれぞれの家庭で異なります。これまでの家族の歴史があるからです。

　例えば、「家族だから面倒をみるのは当たり前」という価値観を、すべての家族

がもっているわけではありません。家庭ごとに事情や憂いがあり、それまでの関係性があります。

　第1章にもありましたが、「家族が協力的でない」という言葉が、ケアチームのなかで飛び交うことがよくあります。この言葉こそが「家族だから（介護に）協力するのは当たり前」という価値観に基づき、家族を一方的に評価しているということを知っておく必要があります。当然家族は、「私たちのことをまったく理解してくれない」と反発し、信頼関係を築くことはできません。

　ポジティブなものもネガティブなものも含めて、さまざまな思いがあるのが家族です。

　「どうしても（利用者本人に）かかわりたくない」と言う家族に対しては、決して無理強いすることなく思いを尊重することも必要です。なお、その理由を直接尋ねることには慎重になるべきでしょう。家族に対して「どうしてかかわりたくないのですか？」と聞いたり、本人に対して「どうして（家族の）○○さんは、かかわりたくないのでしょうかね」と尋ねたりする質問は、その質問自体にケアマネジャー自身の価値観がにじみ出ていますし、家族に対するネガティブな感情を他人に話すのは、心地好いものではないでしょう。

　ただし、本人を支援するうえで、家族の関係性を知ることは大切です。生活歴を尋ねたり、家族の間で交わされるやりとりを眺めたりしながら、本人と家族の関係性を理解していきましょう。

　では、なぜ関係性を知ることが必要なのでしょうか。ケアプラン作成に関していえば、関係性に応じた提案ができることがその理由です。例えば、直接的な介護は無理であっても、時々電話で話すことはできるとか、何かのときには相談に乗ることはできるとか、金銭的な支援ならできるなどです。こうした提案により、利用者本人と家族の、過去を乗り越えようとする新しい関係が始まるかもしれません。

02 家族支援の重要性

1 ▶ 家族介護者の「暮らし」を支援する

　介護のために「自分の暮らし」をあきらめた家族がいます。「介護をするのは私

しかいない」と介護離職をした家族がいます。

　「介護」は、先の見えない営みです。「介護がすべて」の人生になると、ストレス発散や気分転換の機会を失います。そうなるとよい精神状態を保つことが難しく、精神的に追い詰められていきます。いつまで続くかわからないことが多い介護を細く長く続けられるように、家族に「自分の時間」をできるだけもってもらうような支援が必要です。その支援とは、「情報サポート」です。

　「情報の非対称性」という言葉があります。援助する側と援助される側には、介護についての専門知識やサービス情報など、もっている情報に大きな格差があります。情報を知らないために誤解したり、あきらめたりしていることがあるはずです。介護をしながらでも仕事や趣味を続けることは十分に可能であることを知らせていきましょう。それは、ケアマネジャーの社会的使命・責任でもあるのです。

　「重度の要介護の人が在宅で生活するのは、献身的な家族介護がないと難しい」と思う新人のケアマネジャーがいるかもしれません。しかし、一人暮らしの重度の要介護者が在宅生活を続行しているケースはいくつもあります。逆に、家族が絡んでくると、本人に対するスムーズな支援ができないケースもあったりします。ここは、ケアマネジャーの腕の見せどころなのです。

2 ▶「家族」を支援する

　家族の構成員は介護者だけではありません。構成員同士がさまざまに力を及ぼし合うのが「家族」です。ケアマネジャーの最も重要な仕事は、利用者本人の支援ですが、複数の構成員からなる家族の相互作用が、本人の支援に不都合を生じさせる場合があります。そのような場合は、他の専門職と連携するなどして、「家族全体」を支援する必要がでてきます。

エピソード5-①：同居家族への支援

　佐藤さん（仮名）は夫と娘との3人暮らしでした。娘は精神疾患があり、夫は娘の介護と佐藤さんの介護の両方を担っていました。ただ、介護のウエイトは娘のほうにありました。「娘は不憫な子」という思いがあったからでしょう。

　私が佐藤さんの担当になったのは、佐藤さんが脳梗塞を発症して入院し、リハビリ後に退院をするときに夫と病院側の間にトラブルがあったからでした。退院の打ち合わせのために夫が病院を訪れた際、病院のソーシャルワーカーが約束の時間に少し遅れた結果、夫の帰宅時間が遅くなったらしく、その間に娘が自傷行為を起こしてしまったのです。夫はソーシャルワーカーに強い怒りを覚え、その後の相談を一切拒否し、病院とは関係のないケアマネジャーということで私が担当することになりました。

　退院後、ケアプランに基づいて、ヘルパーや訪問リハビリなどの利用が始まりました。介護サービスの利用については経済的な問題もあり、日常的な身体介護などは、夫が受けもつ予定でした。ところが、問題が起きました。

エピソード5-②：同居家族への支援

　娘の精神状態が安定せず、夫が娘にかかりきりのことが多くなったのです。当然、佐藤さんの介護は手抜き状態。たまに手を出しても手荒い介護で、少し介助してもらえれば自分でできていたことさえ、全介助状態になるなどの弊害が出てきました。

娘への夫のかかわり方も問題でした。娘を心配するあまり、娘に対する介護接触が過剰ともいえる状況になり、娘の精神状態がますます悪化してしまうのです。佐藤さんと娘の心身状態の悪化により、二人の介護者である夫の身体的な疲れが増し、それが二人の心身状態を悪化させるという悪循環に陥ってしまいました。

この悪循環を断ち切るには、娘の精神状態の安定がキーポイントです。私は、佐藤さんや夫と一緒に、そのためにはどうしたらよいのかを話し合いました。

エピソード5-③：同居家族への支援

私は、娘の主治医である精神科病院からの訪問看護と行政保健師の訪問を提案しました。提案当初は、夫は気乗りしない様子でしたが、話し合いを何度も続け、「試してみよう」という段階までこぎ着けることができました。並行して、精神科病院と保健所に根回しを行いました。

訪問看護と保健師の訪問により、娘、夫、佐藤さんの心身状態は徐々に安定してきました。佐藤さんのリハビリも軌道に乗り、訪問リハビリから通所リハビリに切り替えることができました。

娘への支援については、ケアプランのなかでは「支援経過記録」（第5表）に記載されるにとどまるでしょうが、佐藤さんの望む暮らしを実現するための家族支援として、調整に時間も労力も要したケースでした。

03 大人のケアプラン

　この章の最後に、家族支援にもつながる「大人のケアプラン」についてお話したいと思います。例えばショートステイ。家族の都合を優先し、利用者本人の知らないところでショートステイをプランニングしては、「本人が主役」のケアプランではなくなってしまいます。ところが、次のようなやりとり（＝取り引き）がケアマネジャーと本人との間で交わされたとしたらどうでしょう。

ケアマネジャー「ご家族のために、月に一度くらい２泊３日の泊まりにいってあげるという方法もありますよ」
利用者「う〜む、家族の息抜きも大事だからな。ひと肌脱いでやるか〜」

　おしゃれなやりとりだとは思いませんか。これなら堂々と、「家族の介護負担の軽減のためにショートステイを利用したい」とケアプランに書けそうですね。しかも、本人の意思でサービスを利用するわけですから、「本人が主役のケアプラン」であるといえます。
　人と人とが譲り合い、協調することで、世の中も家庭もうまくいくものです。本人の「望む生活」を実現するには、大人の取り引きが必要な場合も出てきます。
　「これ以上からだが動かなくなったら、家族に迷惑をかけるのでリハビリを続けるわ」「この家で暮らし続けるために、デイサービスに通うよ」など、本人が納得のうえで決断すれば、大人の取り引きも十分に輝いてきます。
　利用者を一人の「大人」として尊重する姿勢が、大人のケアプランを生み出します。そう、プランニング（ケアプランの作成）って、とても奥が深いのです。

第 5 章

サービス担当者会議
メリットの宝庫

01 サービス担当者会議の魅力を語ろう

02 実現したいこと
何を検討するのか

03 タイミングで形はいろいろ

04 利用者中心型担当者会議の準備と開催

01
サービス担当者会議の魅力を語ろう

　ケアマネジメントプロセスで、サービス担当者会議は特別な光を放っています。ケアプラン原案の内容を検討し、ケアプランをより利用者らしくしていくのはもちろんのこととして、利用者や家族を含めたケアチームが一堂に会する唯一の機会であり、長くても1時間程度の会議のなかで、参加者それぞれが、じつに多くのメリットを受け取るからです。

　利用者は、「こんなに多くの人が自分のことを気にかけてくれている」と肌で感じます。家族は、介護のサポーターたちの存在に勇気づけられます。サービス担当者は、利用者への理解を深めることができますし、ケアマネジャーは、さまざまな職種の専門的な意見を得ることができます。また、参加者全員が一体感を味わえる場となります。

　もちろん、メリットはこれだけではありません。参加者それぞれが受け取るメリットの数々をあげてみます。

サービス担当者会議で得られるメリット

●**利用者にとって**

・多くの人に支えられていることを実感できる。

・これからの生活がイメージできる。

・専門家の意見や助言を聞くことができる。

・ケアマネジャーと一緒につくったケアプランを実行しようという意欲が高まる。

・参加者に、自分の気持ちを伝えることができる。

・サービスについて、質問したり、要望を述べたりすることができる。

- 会議という公の場で、家族の気持ちや家族が自分に寄せる思いを聞くことができる。
- 家族を含めた参加者に感謝の気持ちを伝えることができる。

● **家族（介護者）にとって**
- 孤立感や孤独感を軽減できる。
- これからの介護生活がイメージできる。
- 専門家から介護についての助言を受けることができる。
- 介護の苦労・不安・心配事などを打ち明けることができる。
- サービスについて、質問したり、要望を述べたりすることができる。
- 会議という公の場で、利用者に対する気持ちを話すことができる。
- 利用者が自分の意見を言ったり、出席者が利用者に尊敬の念をもって接していたりするのを見て、利用者の尊厳を見直す機会となる。
- 参加者に感謝の気持ちを伝えることができる。

● **サービス担当者にとって**
- 利用者の思いやエピソードを聞いたりすることで、利用者への理解が深まる。
- 家族との関係、介護力、家屋環境などを確認することができる。
- 他の専門職の意見を聞くことができる。
- 他のサービス内容がわかる。
- 自分たちの専門性が確認できる。
- サービス担当者間の連携が深まる。

● **ケアマネジャーにとって**
- さまざまな職種の専門的な見方を学ぶことができる。
- 専門職の見方を利用者とも共有でき、利用者と一緒につくったケアプランの質を高めることができる。
- 会議の場での発言などにより、利用者や家族の力を再発見できる。
- 「課題（テーマ）」を解決するために知恵や工夫を集めることができる。
- 利用者や家族にケアマネジャーの役割を知ってもらうことができる。
- サービス担当者同士の相互交流が生まれ、ケアマネジャーをいちいち介さ

なくてもよい情報交換の流れが生まれる。
・相互交流によりチームは成長し、成長したチームは、ケアマネジャーにとってかけがえのない財産となる。

● **チーム全体にとって**
・情報が共有できる。
・目標が共有できる。
・リスクが共有できる。
・ケアプランに専門的な意見が反映される。
・参加者それぞれが役割を確認できる。
・参加者全員が一体感を味わえる。
・「利用者中心」のケアチームであることが確認できる。

『ケアマネジャー』第16巻第6号、2014年、12～13頁を参考に整理（一部改変）

　サービス担当者会議を招集するのはケアマネジャーです。このようなメリットがあふれたサービス担当者会議を開催すれば、誰もが会議に参加したくなります。もちろん、主治医も例外ではありません。

　介護保険が始まった頃、主治医に出席を要請したり、意見を求めたりをすることもなく、サービス担当者会議を開いたことがあります。主治医へのアプローチは何となく敷居が高く、主治医抜きで会議を開催したのです。後日、主治医にケアプラン（居宅サービス計画書）を持って挨拶に行ったところ、「呼んでもらえたら参加しましたよ」と言われたのを思い出します。敷居の高さは、自らがつくりだしていたのだと大いに反省しました。

　メリットにあふれ、誰もが参加したくなるサービス担当者会議にするための方法を考えていきたいと思います。

02
実現したいこと
—何を検討するのか—

　サービス担当者会議は何を検討し、何を実現する場なのかを、まずは押さえておきましょう。

01　ケアプランを検討する場

　サービス担当者会議は、ケアマネジャーが利用者と一緒につくったケアプランの原案を、ニーズにさらに近づけ、継続的に実行ができるケアプランに練り上げていく場です。検討するのは、「ケアプラン」であって、利用者自身の「頑張り度」ではありません。

　サービス担当者会議が「指導」の場になっていないでしょうか。「元気になってほしい」と思うばかりに、サービス担当者会議の参加メンバーが利用者に「もっとからだを動かしましょう」と勧める。ほかにも、「デイサービスには休まずにいきましょう」「薬を決められた時間に飲みましょう」「自分のできることは自分でしましょう」など、寄ってたかって利用者の暮らし方を指導する場になっていないでしょうか。このような場を利用者は望むでしょうか。

　サービス担当者会議は、利用者も一緒になって、ニーズ、目標、サービス内容などのケアプランの内容を検討する場です。ケアマネジャーは、サービス担当者会議の流れが「利用者指導」に向かうとき、その流れを断ち切りケアプランの検討に流れを転換したり、「指導」的な色合いを和らげ、「提案」的なニュアンスに変えたりする必要があります。

02 支持的に利用者理解を深める場

　サービス担当者会議は、利用者理解を深める最大の機会です。人生を利用者本人がどのように歩み、何を大切にし、何を好み、何を誇りにしてきたか。そして、今はどのような状況にあって、その状況に対して本人がどのような思いを抱いているかを、チーム全体で共有する場でもあります。本人が発言するばかりか、家族やケアマネジャーが本人の代弁をすることもあるでしょう。利用者理解が深まるほどに、支援の質は上がります。

　その際に大切なのは、「支持的」であること。サービス担当者会議は、利用者のプライベート空間である自宅で開催されることが多く、加えて、話題がプライベートな内容に及ぶこともあります。また、語られ、披露される「思い」には、悲しいもの、つらいものが含まれていることもあります。そのような私的で内的な世界に触れることになります。

　だからこそ、襟を正し、「支持的」に利用者理解を深めていく必要があるのです。

03 決める場

　利用者、家族、医療や介護のサービス担当者、場合によっては知人、民生委員、ボランティア、そしてケアマネジャーなど、サービス担当者会議にはケアチームの主要メンバーが集います。だからこそ、いろいろなことをその場で決めることができます。

　早急に解決しなければならない課題やその方法、時間をかけて乗り越えていく課題、利用者が望む暮らしの具体化やそれを実現するための方法などを、その場で決めていくことができます。ケアマネジャーは、利用者の気持ち、家族の思い、専門職の見方を交差させながら、利用者が納得のいく決定をしていくことをサポートします。

04 連携の場

　サービス担当者会議は、多職種が協働する実践の場です。目の前にいる利用者の福利（幸福と利益）を、ケアチームの連携の力で実現するべく支援計画を練り上げます。サービス担当者会議で、ケアマネジャーが、チームメンバー間の相互交流が生まれるようにはたらきかけていくことで、サービス担当者会議を重ねるごとに連携の絆は深まり、やがて、地域のネットワークへと成長していきます。

03
タイミングで形はいろいろ

　一口にサービス担当者会議といっても、開催するタイミングで、さまざまな形があります。制度としては、「新規」「更新」「区分変更」の際のサービス担当者会議が義務づけられています。しかし、それだけではなく、目的に応じて開催することで、その時々にふさわしい支援の形をつくることができます。「初回」と「継続」に大別し、それぞれについて代表的なものを例示しながら、目的や留意点などを整理していきましょう。

❶ 初回で、「利用者中心」の会議をつくる

　傷病などで要介護状態となり今までどおりに暮らせなくなった、家族介護だけでは踏ん張りきれなくなった、病院・施設から自宅に戻る、介護サービスを使いたい、最期を家で迎えたい…。

　さまざまな理由でケアマネジャーに依頼がきます。いくつかのパターンで考えてみましょう。

1 ▶ 退院前カンファレンスは、退院後の担当者会議とセットで考える

　入院中に要介護認定を申請、病院からの紹介などで新規ケースの担当になるケースで考えてみます。

① 退院前カンファレンス

　「退院支援」に力を入れている病院も増え、退院前カンファレンスにケアマネジャーが呼ばれることも多くなりました。退院後に利用するサービスの目星がついている場合は、サービス事業所の担当者が参加することもあります。

在宅でのサービス担当者会議は、ケアマネジャーが招集・司会をするのに対し、退院前カンファレンスは、病院側が招集し、医療ソーシャルワーカーや退院支援看護師（退院調整看護師等）が司会をするのが一般的です。参加者には、本人、家族、入院中の主治医、病棟看護師、退院支援看護師、医療ソーシャルワーカー、ケアマネジャー、在宅サービスの担当者があげられるでしょう。また、在宅時の主治医や民生委員などが参加する場合もあります。ポイントをあげます。

> **退院前カンファレンスのポイント**
> ・利用者に関する医療情報や予後予測などを収集する。
> ・退院後の生活を病院側はどう考えているか、その際の留意点は何かなど、不明な点があれば質問するようにする。
> ・本人や家族が退院後の生活をどのようにとらえているか、不安を感じているならどのような点に感じているか、などを聞き取る。場合によっては、本人や家族の代弁者となって病院側に質問する。
> ・病院側からは「利用者・家族指導」的な発言があることが少なくないが、貴重な情報として聞き取る。
> ・退院後の病院との連携の方法（医療的処置等への質問）や病状が悪化したときの受け入れなどを確認する。

　「退院前訪問指導料」が算定できるようになったため、退院前訪問を実施している病院もあります。いずれにしても、病院が退院後の生活に対し、どのような「指導」を行っているか、それを利用者や家族はどのように理解しているかを把握することは、退院前カンファレンスでは特に重要といえるでしょう。

　なお、退院前カンファレンスへの出席前に、退院支援看護師や医療ソーシャルワーカーなどに、在宅生活に必要な支援、継続した医療とのかかわり、リハビリテーションの継続や福祉用具・住宅改修の必要性への見解を確認しておくと、限られた時間で行われる退院前カンファレンスで、的確な質問を行うことができます。

② 退院後のサービス担当者会議

　病院で行われる退院前カンファレンスは病院主導であり、必ずしも「利用者中

心」に行われるわけではありません。また、テーマが医療・健康面が中心となり、「本人が望む暮らし」について話し合われることも多くはありません。在宅のケアチーム同士の意見の交換も十分ではないでしょう。そこで、退院からそれほど間隔を空けずにサービス担当者会議を開催します。

　サービス利用の緊急性などから、すでに介護サービスの利用が始まっている場合でも、利用者中心のケアチームをつくるためには、利用者の自宅で開催するサービス担当者会議がとても有効です。

　退院前カンファレンスで話し合われた内容を振り返るほか、次にあげる「初回サービス担当者会議のポイント」を話し合います。

2 ▶ 初回サービス担当者会議は、利用者の「理解」と「納得」に特に配慮する

　利用者中心のケアチームが歩き出すための重要な会議です。利用者も家族も「要介護」という新しい状況に直面し、不安を抱えています。参加者がそうした不安を解消するためのよきパートナーと感じてもらえるように会議を進めます。

　会議の議題（テーマ）については、現在の状況とともに会議で検討したいことを具体的に示し、参加者に事前に連絡しておきます。例えば、「脳梗塞で右片麻痺となった。病気がちな介護者の支援を含め、在宅介護体制を検討する」「大腿骨頸部骨折を受傷。リハビリで杖歩行ができるようになったが歩くことへの不安は残る。安心できる在宅生活を考える」といった感じです。要点を整理します。

初回サービス担当者会議のポイント

・ケアマネジャーが簡単な生活歴等を含め、本人を紹介する。どのあたりまで紹介していいのかを事前に確認しておく（ケアマネジャーだけに話したのかもしれないので）。

・自己紹介の際には、事前に通知された議題（テーマ）に対し、自分たちはどのような支援を行えるのかなどを含めると、サービス利用の目的やイメージがつかみやすい。

・介護保険申請のきっかけとなった傷病、治療経緯、回復状況、予後予測、

> 介護環境など、利用者の今の状況を共有する。
> ・今の状況をどのように受け止めているかを本人や家族の言葉で確認する（支持的に参加者は聞く）。
> ・そのような状況のなかで、本人と家族は何を不安に思い、何を希望しているかを共有する。ケアプラン原案に記載された「利用者および家族の生活に対する意向」がこれに当たる。
> ・語られる不安に対し、どのようなサポートができるのかを検討する。
> ・本人の理解や納得のペースに合わせて議事を進行する。本人が理解できていないようだったら、ケアマネジャーが発言者の言葉をわかりやすく置き換えて伝える。
> ・本人の疲れ具合を表情と言葉で確認しながら会議を進める。

　初対面の硬さやぎこちなさとともに進行するのが初回のサービス担当者会議です。支持的な雰囲気で硬さやぎこちなさを和らげます。また、「利用者中心のサービス担当者会議」は、利用者の理解や納得を確かめながら進めることが大前提です。ケアマネジャーは、司会とともに、会議で交わされる言葉の利用者への翻訳者としての役目も果たします。

02 継続では、「変化」と「満足度」を物差しに

　更新や区分変更時に開くサービス担当者会議が継続に該当します。必要に応じて開くサービス担当者会議と合わせて考えていきます。

1 ▶ 更新時は、モニタリング情報を重視する

　区分変更に至らなくても、利用者の状態や介護環境は変化するものです。健康状態や身体状況だけではなく、利用者の心の動きにも視線を向け、利用者、家族、サービス担当者のモニタリングを情報源としてサービス担当者会議を進めます。

> **更新時サービス担当者会議のポイント**
> - 会議の前に、利用者からサービスについての満足度や要望のほか、自分の心身の変化をどのように感じているかを聞いておく。
> - 家族介護者からは、本人に変化がないか、新たに手伝ってほしいところはないか、サービスについての満足度はどうかを聞いておく。
> - サービス担当者からモニタリング情報を収集しておく。
> - 利用者の気持ちを軸に、家族、サービス担当者のモニタリング情報を総合し、会議の議題（テーマ）を事前に設定する。
> - 会議の席上でも、本人、家族を含む参加者それぞれから、前回の会議からこの日までのことや、最近の思い、気がついたことを振り返ってもらう（モニタリングの言語化）。
> - ケアプランの目標（長期・短期）の達成度についての評価を伝える。問われるのは、目標設定の適切さで、利用者の「頑張り度」ではない。
> - 目標の達成度を皆で評価し、ケアプランを練り直す。

　本人や家族の声をあらかじめ聞いておくのは、会議の席上で自分たちの考えや気持ちを言葉にできないことがあるからです。会議の席で、相手に遠慮するなどして十分に言えないときは、ケアマネジャーは言葉を選びながら、皆に伝えます。な

お、サービスに対する不平・不満については、会議の席上ではなく、場を変えてサービス担当者に直接伝えるという方法がよいでしょう。

　更新までの一定期間、利用者に触れ合ってきたサービス担当者からは、利用者の生活態度や行動に対して、「指導」的な発言が出がちです。指導的な意見が続くと、利用者は萎縮したり、防御的になったり、反発する場合だってあるでしょう。ケアマネジャーは、「サービス担当者」対「利用者」という対立的な構図にならないように会議をリードするとともに、万一指導的な発言が出たら利用者の気持ちの代弁者として「緩衝材」になることが必要です。

　指導的な発言が目立つサービス担当者に対しては事前に、「サービス担当者会議は利用者を指導する場ではない」ことを伝えます。

　ただし、利用者の健康や利益を考えるとどうしても、利用者に理解してもらうことが望ましい場合があります。そのような場合は、どのようにすれば利用者に理解してもらえるかを事前協議したうえで、会議でのやり取りについて作戦を立てておきます。例えば、ケアマネジャーが「ここで専門家の意見をうかがってみましょうか」と言ったら、専門職の見解を述べてもらうといった作戦です。

2 ▶ 区分変更時は、利用者の受け止め方に目を向ける

　区分変更は、状態の悪化に伴うものが一般的でしょう。新たな傷病が発生した、疾病が再発した、合併症が発症した、疾病が重度化した、認知症が悪化したなどの理由が背景にあります。ニーズの変化に伴い、ケアプランを利用者と見直した後に、新たなケアプランの原案をもってサービス担当者会議に臨みます。

区分変更時サービス担当者会議のポイント

- 区分変更に伴うサービスの追加や見直しなどを議題（テーマ）として、事前に参加者に連絡する。
- サービスの追加に伴い新しく参加するサービス担当者の自己紹介の際に、事前に通知された議題（テーマ）に対し、どのような支援を行えるのかなどを含めるとサービス利用の目的やイメージがつかみやすい。
- 区分変更の申請に至った状態の変化を、今までの経緯や予後予測を含めて共有する。
- 状態の変化をどのように受け止めているかを本人や家族の言葉で確認する（支持的に参加者は聞く）。
- そのような状況のなかで、本人と家族は何を不安に思い、何を希望しているかを共有する。新しく書き直した「利用者および家族の生活に対する意向」がこれに当たる。
- 本人や家族が語る不安に対し、どのようなサポートができるのか、新しく発生したニーズや見直したニーズについて、どのような手立てがあるのかを検討する。
- 新しい目標について、専門職の見解などを含めて意見交換を行ったのちに、支持的に承認する。
- 家族の介護負担の増加がある場合は、そのサポート案を検討する。
- 見直したいサービスがあれば、サービス内容などを検討する。
- 状態の悪化に伴い、利用者のコミュニケーション能力に変化があれば、それに十分に配慮した議事進行を行う。たとえ認知症が進行したとしても、利用者を置いてきぼりにしない。

区分変更は、ケアチームの仕切り直しでもあります。気落ちしがちな利用者が心強く感じる手立てを示し、新たな一歩を踏み出そうという気持ちになってもらいましょう。

3 ▶ 新たな課題に伴う担当者会議は、知恵を出し合う

　ケアマネジャーにとって、ケアチームのメンバーは頼もしいパートナーです。利用者の心身状況が変化した、介護環境が変わったなど、新たな課題が発生し、その対策に頭をひねるとき、サービス担当者会議を招集し知恵を出し合いましょう。ケアチームのメンバーは、日頃のサービスを通じて誰よりも利用者を理解してくれている人々です。利用者と家族が抱える事情を踏まえたうえで、利用者の納得のいく解決策をひねり出してくれることでしょう。

　そのためには、事前に議題（テーマ）を伝え、手立てを持ち寄ってもらいます。そうすれば、サービス担当者会議でのグループダイナミクス効果により、よりよい解決策が生まれます。

04
利用者中心型 担当者会議の準備と開催

01 利用者中心型とは

　ケアマネジメントの中心に利用者がいるように、サービス担当者会議の中心にいるのも利用者です。
　では、利用者中心型のサービス担当者会議とはどのようなものなのでしょうか。答えはとても簡単で、利用者が会議に主体的に参加することです。主体的とは、自分の意思によって行動すること。つまり、利用者の意思が会議に反映されていれば、利用者中心型の会議といえるのだと思います。
　例えば、サービス担当者会議の準備の際に決める議題（テーマ）や参加者の選定に利用者の意思が反映されること、会議の議事が利用者のペースに合わせて進むこと、利用者の納得のもとに決まることなどがあげられるでしょう。
　ところが、利用者が参加していても形だけという会議があります。
　「私は、会議に出席していたけど、会議にはいなかった」
　この言葉の意味がわかりますか？　利用者そっちのけで会議が進み、形だけ承諾を得るという会議に参加した（させられた）利用者の感想です。
　ケアマネジャーが利用者と向かい合う「1対1の面接」を思い浮かべてください。相手のペースに合わせて、相手にわかるように、テンポや言葉を選びながら話し、相手が理解していることを確かめて話を進めるはずです。
　ところが、サービス担当者会議になると様子が違ってくるようです。話のテンポも交わされる言葉も「利用者は蚊帳の外」の時間が流れます。そして時折、「〇〇ということでよろしいでしょうか？」と利用者に確認をとったり、「〇〇さんはどう思われますか？」と意見を聞いたりするという光景が見られます。「よろしいで

しょうか?」と言われても、「どう思われますか?」と尋ねられても、話の内容についていけない場合は、答えの返しようがありません。でも、みんなが自分のことを一生懸命に考えてくれていることを利用者は感じます。そこで、「はい、それでお願いします」「お任せします」などと返事をしてしまいます。

　利用者中心型のサービス担当者会議とは、利用者に発言してもらうだけではなく、利用者に理解してもらいながら一歩ずつ進み、会議で検討するケアプランに利用者の思いを一つひとつ反映していく会議のことをいいます。

02 準備の中心に利用者がいる

　サービス担当者会議が成功するかどうかの鍵は、その準備段階にあります。適切な議題（テーマ）の設定や参加者選び、事前の話し合い（根回し）などにより、この章の冒頭で紹介したサービス担当者会議のメリットが開花するのです。

1 ▶ 議題（テーマ）を決める

　サービス担当者会議の準備で、核になるのは議題（テーマ）を決めることです。

何のために集まって、何を話し合い、何を決めるのかを事前に知らせておけば、参加者は目的意識をもってサービス担当者会議に出席することができます。また、参加者それぞれが有力な答えを準備することができます。

では、議題（テーマ）は誰がどのように決めるのでしょうか。その決定の際に利用者に参加してもらうのが、利用者中心型のサービス担当者会議です。例えば、利用者との面接を進めながら、次のような提案を行います。

「○○を解決するためによい手立てがないか、会議で話し合ってみましょうか」

「○○さんが望む○○をするためには、どのような方法があるのか会議で知恵を出し合ってもらいましょうか」

このようにしてテーマ選びをすれば、利用者はより前向きにサービス担当者会議に臨むことができます。また、複数回の会議を経た後なら、利用者に次のような開かれた質問を投げかけてもよいかもしれません。

「今度の会議で話し合ってみたいことはありますか？」

2 参加者を決める

サービス担当者会議には、利用者や家族、ケアプラン原案に位置づけられた居宅サービス等の担当者が出席します。このほか、主治医にはできる限り出席を要請したいものであり、必要に応じて、地域包括支援センター、行政、民生委員などにも参加を依頼します。また、ケアプランにインフォーマルサービスが位置づけられている場合は、その人たちに参加をお願いすることもあります。

と、ここまでは、皆さんがご存じのとおりです。ここで配慮したいのが、介護保険サービスの担当者の参加は必須ですが、それ以外の人は任意だということです。介護保険サービスの担当者以外に会議への参加を依頼するときには、その理由を伝えます。

もう一つ、考えておきたいのが、インフォーマルサービスの人たちは「業務」ではないということ。業務上の守秘義務を負っているわけではありません。サービス担当者会議では、利用者のプライバシーに話が及びます。そのことを利用者に知ってもらったうえで、サービス担当者会議への参加を依頼する人を「○○という理由で、○○さんを呼びたいですね」などと利用者と一緒に詰めていきます。

3 ▶ 事前の話し合い（根回し）をする

時間を限って行われるサービス担当者会議を実りあるものにするには、事前の話し合い（根回し）が必要です。議題（テーマ）によって、根回しをする相手は違ってきます。では、どのような根回しが必要なのでしょうか？

第1は、サービス担当者会議は、異なる意見を戦わせる議論の場ではないということです。サービス担当者と主治医の考え方が異なり、足並みが乱れそうなときは、それぞれの意見を聞いたり、調整したりしておきます。特に主治医がどのような意見をもっているのかを事前に知っておくことは必要です。主治医の意見の影響力は大きく、主治医の一言で、会議の方向が変わってしまうこともあるからです。

第2は、サービス担当者会議は、本人や家族に否定的な意見を言う場ではないということです。サービス事業所側からの希望や苦情は、事前にケアマネジャーが聞き取り、会議の場で本人や家族を追い込むことがないようにします。

第3は、サービス担当者会議は、本人を説得する場ではないということです。例えば、リハビリの意欲がない、リスクが高い行動をしているなど、本人の健康や安全を思えばこそ、意見をしたいことがあるかもしれません。そのような意見を事前に聞き取り、どのように利用者に伝えていくかを協議することも必要でしょう。サービス担当者や家族が口を合わせて利用者を説得するという構図は、利用者の主体性を奪ってしまいます。

第4は、とても重要なポイントです。もっとも根回しをしなければならないのは、「利用者本人」であるということです。利用者と一緒に決めたサービス担当者会議の議題（テーマ）や参加者を確認するとともに、会議で話し合いたいこと、決めたいことについても利用者と一緒に考え、事前に承諾を得ておきます。つまり、利用者とケアマネジャーは、サービス担当者会議における「共同作戦者」なのです。ケアマネジャーが「利用者の利益を代弁する信頼できるパートナー」であることは、サービス担当者会議においても変わりません。

4 ▶ 準備すること

開催までの段取りを整理しました。参考にしてください。

開催までの段取り（順不同）

・個人情報の取り扱いに関して、事前に「個人情報の取り扱いの同意書」による同意をとっておく。

・開催する場所を決める。利用者宅を基本としながら、主治医の医院等やサービス事業所も考慮する。

・開催する日時を決める。議事の内容に応じて、家族、主治医、サービス担当者、他の参加者のなかから、欠かせない人の日程を優先するなどして調整する。

・サービス担当者会議の開催日時（開始と終了時間）や議題などを、参加者へメール、ファックス、電話にて連絡する。少なくとも2週間前には連絡するようにする。

- モニタリングの内容や現在の状況について知りたい場合は、電話連絡、または、訪問により聞き取る。
- 電話連絡などの際に、「今回のサービス担当者会議はどのような事を重点にして話し合うのか」を十分に意見調整しておく。この意見調整がサービス担当者会議の運営がうまくいくかどうかにかかわる。
- 当日配付する資料（ケアプラン原案（居宅サービス計画書（第1表・第2表）、週間サービス計画表（第3表））、会議のレジュメ）を準備する。
- 業務の都合等で欠席する主治医やサービス担当者には、前もってケアプラン原案を提示して意見を聞き取り、会議の場で参加者に伝達する。
- 会議当日には、配付資料を参加人数分印刷して持参する。

03 利用者中心型担当者会議のつくり方

　サービス担当者会議の主役は利用者であり、主体的に参加するようにするのが、司会を務めるケアマネジャーの大切な役目です。以下、初回の会議を例に当日の流れをみていきましょう。

1 ▶ 誰よりも先に利用者宅へ

　サービス担当者会議の当日、ケアマネジャーは誰よりも先に利用者宅に出向き利用者と会議で話し合うことの最終確認を行います。これも重要な根回しです。

2 ▶ 利用者にもっとも近い位置に座る

　会議では、ケアマネジャーは、利用者の最も近い位置に座ります。並ぶか直角の位置で、利用者が主体的に会議に参加できるようにサポートします。

3 ▶ サービス担当者会議の進行（例）

① 開会の挨拶

　参加してもらったことへの感謝を述べた後、「閉会予定時間は〇時〇分です」と

予定時間を伝えます。本人の体調を考慮するとともに、参加者の負担にならない時間を考える必要があります。30分から長くても1時間程度。できれば、40分程度で終了したいところです。

② 議題（テーマ）の説明

議題（テーマ）を告げるとともに、その議題（テーマ）になった理由を簡単に説明します。

③ 流れとルールの説明

配付したレジュメをもとに会議の流れを説明します。必要に応じて、専門用語をできるだけ使わない、他者を批判しない、他者の意見を否定しないなどのルールを説明します。

④ 自己紹介

サービス担当者の自己紹介の際には、あらかじめもらった議題（テーマ）に対し、自分たちはどのような支援を行えるのかなどを簡単に述べてもらいます。

⑤ 利用者の紹介

ケアマネジャーが生活歴等を含め、本人を紹介します。なお、どこまで話してよいかを事前に確認しておきましょう。

⑥ 経緯の説明

介護保険申請のきっかけとなった傷病、治療経緯、回復状況、予後予測、介護環境など、利用者の今の状況を説明します。

⑦ 本人と家族からの説明

司会から経緯の説明を受けて、今の状況をどのように受け止めているかを本人や家族の言葉で語ってもらいます。

⑧ ケアプラン原案の説明

本日出席している人たちと事前に調整しながら、利用者と一緒につくり上げたものとして、ケアプラン原案（第1表～第3表）を説明します。

⑨ 議題（テーマ）についての意見交換

主治医、サービス担当者、家族、他の出席者から意見を出してもらいます。

・主治医は時間の制限がある場合が多いため、途中の退席もあり、最初に発言してもらう配慮も必要。

- 欠席者がある場合は、前もって意見聴取をしておき、会議の場で伝える。
- 本人の発言が必要だと司会が判断した場合は、そのつど本人に発言してもらう。
- 本人や家族が語る不安は見逃さず、どのようなサポートが行えるのかを検討する。
- 専門用語など、本人の理解が難しい言葉が出てきたり、本人が議事から置いてきぼりにされそうに感じたりする場合は、ケアマネジャーがわかりやすく説明するか、「〇〇さん（利用者）にわかりやすいように、もう一度説明してくださいますか」などと要請する。
- 本人の疲れ具合を表情と言葉で確認しながら会議を進める。
- 「失禁」「不穏」「帰宅願望」「暴力行為」などは禁句。

⑩　まとめ

　会議で決まったことや、ケアプラン原案の変更箇所などを確認します。また、各事業所ごとに個別支援計画書を作成してほしい旨を伝えます。

⑪　感想

　利用者と家族を含め、出席者それぞれに本日の会議の感想を述べてもらいます。ここで、チームの一体感をもつことができれば、サービス担当者会議は成功です。

⑫　閉会の挨拶

　サービス担当者会議で有意義な時間を共有できたことについて出席者全員に謝辞を述べます。次回までにすること、および次回の大まかな開催予定を伝えます。また、臨時に検討したいことがある場合はサービス担当者会議の開催を遠慮なく提案してほしいこと、利用者とケアマネジャーの側からも臨時会議の招集をお願いすることがあることを伝え同意を得ます。

⑬　見送りと利用者・家族へのお礼

　ケアマネジャーは、会議の参加者を見送ります。また、利用者と家族に協力へのお礼とねぎらいの言葉をかけ、率直な感想を聞いてみます。会議では言えなかった気持ちを聞くことができるかもしれません。

4 ▶ 終了後に行うこと

① 要点の作成と送付

　記録はとても大切です。「サービス担当者会議の要点（第4表）」をすみやかに作成し、出席者と欠席者に送付します。検討した内容と結論のほか、会議で解決できなかった「残された課題」を明記しておくことが重要です。欠席者など細かい説明を要することがある場合は電話等で説明します。

② ケアプランの交付など

　並行して、ケアプランを利用者、主治医、サービス事業所に交付します。

③ 個別サービス計画書の照合

　サービス事業所に、個別サービス計画書の提出を求めます。ケアマネジャーは、同計画書がケアプランとリンクしているかどうかを確認します。

④ モニタリング

　提供されるサービスの実施状況について、モニタリングを開始します。

04 「喜んで出席したい」と言われるようになるために

　いくつかの課題を乗り越え、望む暮らしに向けて歩み始めた利用者。そして、その歩調をより確かなものにしようとサポートする援助者たち。サービス担当者会議は、ケアチーム全体の歩む方向性を定め、協働者として一体感を抱くことができる貴重な場です。

　担当者会議を積み重ねることで、ケアチーム間の顔が見える連携が強固なものになっていきます。利用者理解も深まり、利用者の新たな生活課題を早期に発見することができます。同時に、利用者が生活する地域課題の発見ともなり、「地域のケア力」の向上につながることが期待できます。

　サービス担当者会議は、ケアマネジメントプロセスのなかで、メリットの宝庫であるという特別な光を放っています。「あのケアマネジャーさんが主催するサービス担当者会議なら、喜んで参加したい」と言われるようになりたいものですね。

第6章

モニタリング
問われるのはケアプランの適切さ

01
モニタリングが利用者にできる3つのこと

02
あらゆる場面でモニタリング

03
モニタリングの記録は、開示を意識しよう

01 モニタリングが利用者にできる3つのこと

　ケアマネジメントプロセスで、ケアマネジャーが最も時間を費やすのがモニタリングです。なぜなら、ケアマネジメントプロセスは「継続」していくものであるからです。

　では、モニタリングは何のために行うのでしょうか。教科書的にいえば、ケアプランに記載された「目標」や「サービス」の実施状況、および「利用者の心身状況」や「介護環境」の変化の把握のためなどでしょう。

　この章では少し見方を変え、「モニタリングは利用者に何ができるのか」という視点から、モニタリングの機能と可能性を考えていきます。

> **モニタリングの3つの機能と可能性**
> ・ケアプランを着心地のよいものにする
> ・利用者がケアマネジメントの主人公になる
> ・状況の変化や危機を察知する

　順を追って考えていきましょう。

01 ケアプランを着心地のよいものにする

1 ▶ 初回のケアプランは、着心地が悪いことがある

　ケアプランを実行すると、たとえ利用者とケアマネジャーが一緒につくり上げたケアプランであっても、「あれっ？」と首をひねる利用者が出てきます。「あれっ？思っていたのと違うなぁ」などの実感です。特に介護サービスを初めて使うことに

なった利用者に「あれっ？」が多いようです。

「あれっ？」には、「（利用してみると）思いのほかよかった」といったうれしい誤算もあるでしょう。逆に、「何か違うかも…」というがっかり方向の誤算もあるはずです。しかし、利用者の多くは、「まあ、こんなものかもしれない」と奥ゆかしく飲み込んでしまいます。「思い」と「現実」が違うことは世の常であり、高齢者はそのことを十分に知っているので、その奥ゆかしさが出るのですが、そのままでよいわけではありません。

足に合わない靴を履くと靴擦れが起きるように、利用者の心と身体になじまないケアプランの実行を続けると、心と身体を傷つけることがあります。

ケアプランが利用者の心と身体になじんでいるかどうかをチェックする。もしもなじんでいないのなら、なじむように変えていく、それがモニタリングの大きな役目です。初回のケアプランは、どこか着心地の悪さがあるものです。それが当たり前だという前提で、モニタリングによってケアプランを着心地のよいものに変えていきましょう。

2 ▶ PDCAで一緒に歩む

ケアマネジメントは、利用者とケアマネジャーがある目的地に向かって一緒に歩む営みです。ある目的地とは、利用者の「その人らしい暮らし方」（望む暮らし方）。モニタリングによって、ケアプランを心と身体になじませていくことで、その目的地に近づくことができます。

では、ケアプランをどのようにして、なじませていけばよいのでしょうか。それには、「計画」を「実行」した結果を「評価」し、より適切な計画へと「改善」していく、「PDCAサイクル」を利用者と一緒に実践していくことを意識するようにします。

PDCAサイクルとは、Plan（計画）→ Do（実行）→ Check（評価）→ Action（改善）の頭文字を並べた言葉で、ビジネス分野において、品質管理や業務改善などで使われる管理（マネジメント）の手法です（図6-1）。

私たちが利用者と一緒に進める「ケアマネジメント」もPDCAサイクルの手法をとっています。PDCAサイクルは、計画→実行→評価→改善を繰り返します。た

だし、人の暮らしは同じところに戻るのではなく、日々刻々と変化して進んでいくので、生活をらせんのイメージでとらえることが大切です。らせんを描くように利用者の暮らしの QOL（Quality of Life；生活の質）の向上を図り、利用者の「その人らしい暮らし方」に近づいていくというイメージです（**図 6-2**）。

図 6-1　PDCA サイクル

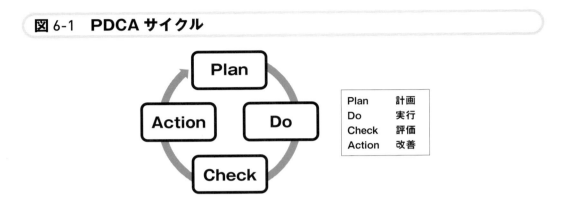

図 6-2　らせんを描きながら向上する PDCA サイクル（ケアマネジメント）

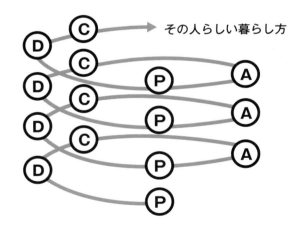

02 利用者がケアマネジメントの主人公になる

1 ▶ 評価されるのは利用者ではない

　モニタリングは、ケアプランで設定した目標に向けて利用者が頑張ったか否かをケアマネジャーが評価するものではありません。

　「よく頑張りましたね」「もっと頑張りましょうね」

　そんな言葉をケアマネジャーが利用者にかけている場面を目撃することがあります。一見、他意のない「称賛」や「励まし」のように見えますが、モニタリングの場で発せられるこうした言葉には、「援助関係」を育てていくうえで、大きな問題をはらんでいることがあります。厳しい言葉で言えば、「上から目線」「指導する者の視点」「利用者をコントロールしようという意図」などが含まれている場合があるのです。もちろん、「よく頑張りましたね」と称賛してもよい場合もあります。この部分は、モニタリングの本質につながる問題なので、後で詳説します。

　モニタリングで問われるのは、利用者の頑張りではなく、ケアプランの内容です。アセスメントに基づくニーズの抽出、目標の設定、援助内容（サービス内容とサービスの種別の選定）が適切であったのかどうか。現在の利用者の状況にケアプランが合っているかどうかなどを、ケアマネジャーは、利用者、家族、サービス提供者と協働して評価していきます。

2 ▶ 何を評価するか

　では、モニタリングで何を評価していけばよいのかを具体的に考えてみましょう。まずは、ケアマネジャー視点を示し、サービス提供者視点、利用者視点、家族視点を加えます（表6-1）。

表 6-1 モニタリングで主に評価すること

(太字はケアマネジャー視点、提供者はサービス提供者)

1	利用者および家族の状況に変化はないか（再アセスメントの必要性を判断する）	
	提供者	サービス提供中の観察で察知（前回に比べて変化があるか）
	利用者	自分の健康状態に変わりはあるか、気持ちに変化はあるか
	家族	家族介護者の健康状態に変わりはあるか、利用者の様子はどうか
2	ケアプランどおりにサービスの提供が行われているか	
	提供者	サービスを提供する際に不都合な点はないか
	利用者	予想や期待していたとおりのサービスかどうか
	家族	予想や期待していたとおりのサービスかどうか
3	計画したサービス内容が適切であるか	
	提供者	ニーズとの適合性をサービス提供者の視点で評価
	利用者	満足できる内容か
	家族	利用者は満足している様子か
4	目標の達成状況はどうか	
	提供者	達成できていない場合は、何が原因か
	利用者	達成できていない場合は、設定した目標に無理はなかったか
	家族	達成できていない場合は、何が原因か
5	総合的な援助の方針に沿ってケアプランの効果が上がっているか	
	提供者	ケアチームが合意した方針が適切であったか
	利用者	自分の「意向」に近づいているか
	家族	家族の「意向」に近づいているか
6	ケアプランの内容を修正する必要があるか	
	提供者	修正したほうがよい内容はあるか
	利用者	変えたいことはあるか
	家族	変えてほしいことはあるか

3 ▶ 利用者を評価できるのは誰か

　ケアマネジャーが利用者に向かって「よく頑張りましたね」と声をかけてよい場合とそうでない場合があると前述しました。その違いはどこにあるのでしょうか？例題です。利用者がある目標に向かって自ら励み、それを達成したとします。頑張った利用者を評価できるのは誰なのか。そこが、よい場合とそうでない場合の分かれ目です。

ここで「医療モデル」と「生活モデル」を比べてみます。
　医療の目的は、病気やけがからの回復であり、医療モデルは、「医師が患者を治療する」という形が基本です。そこでは、医師が患者の健康状態を評価するということがごく自然に行われます。
　一方、生活モデルでは、「生活者」である利用者が主体です。当然、「自分らしい暮らし」や「望む生活」を第三者が評価するわけにはいきません。わかりやすい例を示しましょう。
　医療モデルでごく普通に使われる「生活指導」という言葉があります。これは、治療や健康の維持を阻害する患者の生活を医療者が評価し、生活のあり方（暮らし方）に介入するものです。ところが、利用者主体の生活モデルにおいて、「生活指導」は、不適切な言葉に一転するのです。誰もが、「自分の暮らし方を他者から評価されたくない」と思うのではないでしょうか。
　ケアマネジメントが立脚するのは、生活モデルであり、その観点から先ほどの例題を考えると次のような見解になります。
　利用者がある目標に向かって自ら励み、それを達成した場合、頑張った利用者を評価できるのは、利用者本人をおいてほかにありません。つまり、ケアマネジャーが本人を差し置いて、利用者が頑張ったか否かを評価するのは不適切だといえるのです。
　では、ケアマネジャーが「よく頑張りましたね」と声をかけてよい場合はどんなときか。それは、利用者自身が自らを評価した後で、または、利用者自身に自らを評価してもらった後で、それを承認したり、称賛したりする場合です。初めに利用者の自己評価があり、ケアマネジャーが心を込めて承認する。そこには、「生活の主体者」対「援助者」という構図があり、利用者は「ケアマネジメント物語」の主人公として、力づけられ、自信を深めます。

4 ▶「物差し」は、利用者と決める

　「物差し」は、物の長さを測る道具であり、「評価の尺度」という意味もあります。ケアマネジメントは、利用者とケアマネジャーが一緒に歩む営みであるという観点に立てば、「評価の尺度」も利用者とケアマネジャーが一緒に決めるのが自然です。

では、何がモニタリングの「物差し」になるのでしょうか。以下にまとめます。

> ### モニタリングの「物差し」の例
> ● **物差しの基本は、ケアプランの長期目標と短期目標**
> ・各目標に記入する「内容」と「期間」が「評価の尺度」となる
> ・目標の期間に達したとき、目標の達成度をどのように評価するかを利用者と決めておく
> ・目標を達成するために利用するサービスについての評価（使い心地）をどのように行うかを利用者と決めておく
> ● **月1回の訪問時に確認する内容を決めておく**
> ・1か月どのように過ごしたか
> ・今までの過ごし方に比べて変化があったこと（例：本人や家族介護者の健康状態の変化、生活上の不安）
> ・短期目標などの達成状況、サービスの使い心地など
> ● **随時、ケアマネジャーに知らせてほしいこと**
> ・健康状態に変化があったとき（優先するのは、主治医などへの連絡）
> ・家族介護者の健康状態に変化があったとき
> ・ケアマネジャーの耳に入れたほうがよいと思うことがあるとき
> ・利用しているサービスについて、疑問があるとき、不満があるとき

ケアプランは、「利用者が自分らしく暮らすためのデザイン（設計図）」です。そ

のデザインをよりよくするために、利用者とケアマネジャーは、必要に応じて連絡を取り合ったり、一緒に計画したことが実現できたかをチェックしたりすることが大切であることを、利用者と確認しておきましょう。

5 ▶「希望の物差し」と「通過点の物差し」

エピソードで考えていきましょう。

> **エピソード1-①：利用者と一緒に「物差し」を考える**
>
> 　小林さん（仮名）は79歳の女性です。夫を10年前に亡くし、56歳の次女と3LDKのマンションに同居しています。
> 　1年前、総合病院に定期的に通院していたとき、病院のロビーで走ってきた小学生に激突され転倒してしまいました。骨折はなく打撲で済みましたが、転倒のショックが大きく、外出が怖くなりました。さらに、うつ症状をきたし、食事も喉をとおらなくなってしまいました。そこで、心療内科に入院。2か月ほどで自宅に戻りました。

　居宅介護支援事業所に連絡があったのは、2か月前。次女から「母親のうつ症状も少し改善してきたので、介護保険サービスを利用したい」と相談があり、支援を開始することになりました。要介護1の認定がすでにおりています。

> **エピソード1-②：利用者と一緒に「物差し」を考える**
>
> 　面接を進めた結果、本人の意向は次のように確認できました。
> ［本人の意向］
> 「1年前は、自分で何でもできた。以前のように、デパートまで買い物に行けるようになりたい。せめて、駅前のパン屋に枝豆パンを買いに行きたい」
> 　今のところ、一人で外出することはできません。
> 　外出にあたっての環境は、以下のとおりです。
> ・自宅マンションは5階、エレベーター使用、1階エントランスはオートロック

- 新聞は、エントランスの郵便受けに届く
- 最寄り駅まで徒歩12分
- デパートへは、最寄り駅から電車に20分乗車する

　小林さんが外出ができないのは、外出することや一人で歩くことの不安感が大きいことが主な理由です。うつ症状が激しい時期、歩行についての廃用症候群が進んだようですが、入院の後半に院内を歩く練習を行った結果、歩行機能はある程度の回復を見せています。「デパートでの買い物」については、「歩く自信を取り戻せば、十分に可能」との評価をリハビリ医から得ることができました。

エピソード1-③：利用者と一緒に「物差し」を考える

　リハビリ医からの裏づけを得た後、「1年後にデパートに買い物に行く」という「物差し」を提案しました。その提案に小林さんは目を輝かせました。「物差し」が「希望の物差し」へと変わった瞬間でした。

　小林さんは、語り始めました。それによると、デパートで買いたいのは洋服で、新しい洋服を着て、友人と絵画展に行くのが何よりも楽しみだった。その友人は絵の友人で、入院中も連絡を取り、「元気になったら一緒に絵画展に行きたいね」と言い合っているそうなのです。

「希望の物差し」に「絵画展に行く」という新たな希望が加わりました。利用者の「望む生活」「自分らしい暮らし」が表明されたのです。後は、「希望の物差し」を実現するための「通過点の物差し」を小林さんと一緒に考えていきました。

「通過点の物差し」には、1年前まで日常生活で利用者がやっていたことが配置されています。長期目標を半年後に設定し、2週間、1か月、3か月後の短期目標を考えました。設定した期間はあくまでも目安とし、「無理のない範囲で、ゆっくりと目標に向かって歩きましょう」との合意を利用者と取り交わしました。かくして、「目標の達成時期とモニタリングプラン」（**表 6-2**）ができあがりました。

表 6-2 目標の達成時期とモニタリングプラン

	達成時期	目標の内容（評価の物差し）	モニタリング項目
望む生活	1年後	・デパートに洋服を買いに行く ・その洋服を着て、友人（絵友達）と絵画展に出かける	
長期目標	半年後	・駅前のパン屋に一人で買い物に行く ・駅前のコーヒーショップで友人（絵友達）と過ごす 　→駅前までは徒歩12分	・小林さんの自信とデイサービスの評価を照らし合わせて実行を判断する ・一人で実行する前に家族の同行も検討する
短期目標	3か月後	・一人で通院する（月2回） 　→歩行8分、バス30分（片道）	・一人で通院できそうかを確認する ・それまで同行していた家族から意見を聞く
	1か月後	・デイサービスでの機能訓練を開始する ・興味のある趣味活動を選ぶ ・週2回利用の検討を始める	・1か月ごとにデイサービス利用の感想を聞く ・1か月ごとに機能訓練の評価を報告する
	2週間後	・朝食後と夕食後に流しで洗い物をする ・ベランダの花に水をやる ・デイサービス利用の準備を行う	・継続できそうかを確認する

・外出の習慣が1年間なかったこともあり、デイサービスの利用（週1回からスタート）には1か月間の準備期間を設けることにしました。
・家事などから徐々に始めて（2週間後）、デイサービスで外出を再開し（1か月後）、通院を一人で試み（3か月後）、それ以降は、外出の際の歩行距離を延ばしていく（半年後〜1年後）という計画です。

・デイサービスでは、歩行訓練のほか、歩行機能の評価も行います。
・「長期目標」達成後の半年後には、「望む生活」が待っています。

03 状況の変化や危機を察知する

1 ▶ 誰がどのように察知するか

「察知」とは推量して知ることです。利用者およびその周辺で見聞きすることから状況の変化を推し量り、迫っている危機を知ることが必要です。では、誰が状況の変化や危機を察知すればよいのでしょうか。もっとも効果的なのは、利用者を含め、利用者のケアにかかわるすべての人が力を合わせることです。

短期目標や長期目標に向かうプラス方向の変化は誰の目にも見えやすいものですが、マイナス方向の変化の察知は、それほどたやすいものではありません。

これから紹介するエピソードは、利用者の危機を察知できなかった事例です。なぜ察知できなかったのかを一緒に考えていきましょう。

エピソード2-①：利用者の変化

田中さん（仮名）は85歳の男性です。集合住宅の2階に30年間一人で暮らしています。家族とは疎遠です。近隣との交流は活発で、自治会活動の世話役を10年以上続けています。

1年前に腰椎圧迫骨折。介護保険の利用はこのときから始まりました。要介護1、認知症高齢者の日常生活自立度はⅠ、障害高齢者の日常生活自立度はA1で、円背があり歩行や日常動作に支障があります。

［本人の意向］

「自治会の世話役として、毎月の会議に出席して、班のみなさんの役に立ちたい。腰の痛みがあって、掃除や買い物には不便があるので、その部分を支援してほしい」

腰椎圧迫骨折の回復以後は、訪問介護と通所介護をそれぞれ週1回利用しながら生活を続けています。田中さんの生きがいは、10年以上続けている自治会活動の世

話役。班のみなさんとの会合が何よりの楽しみです。

　田中さんには、人の役に立ちたいという思いが強く、元来の生真面目な性格から、何事も頑張りすぎる傾向があります。

　ケアマネジャーは、「自治会活動の継続」を中心としたケアプランを田中さんと一緒に作成し、それに基づいたモニタリングを行いました。

エピソード2-②：利用者の変化

　毎月の訪問のたびに、1か月の生活の様子を聞きます。田中さんの話題は、決まって自治会活動のこと。世話人としてのやりがいと班のみなさんから頼られていることを話します。

　健康面の心配や生活の困りごとも毎月尋ねますが、田中さんは「大丈夫。心配ない」と答えます。

　訪問介護と通所介護事業所からも、大きな変化の報告はありませんでした。

　ところが、田中さんに異変が進行していたのです。この頃、自治会に参加しても班のみなさんと話がかみ合わず、他の班との世話人とも軽いいさかいがあったらしいのです。それをきっかけに、自治会活動に顔を出さなくなったようなのです。ただし、それがわかったのは、もう少し後のことでした。

エピソード2-③：利用者の変化

　「最近、掃除をしていないようだ」

　それが訪問介護事業所のサービス提供責任者からの報告でした。週に1回、ヘルパーが田中さんの手が届かない所などの掃除をしますが、几帳面できれい好きな田中さんは、自分でもできる範囲で部屋の掃除をしたり、台所の洗い物をしたりします。ところが、「掃除をしていない週が続いている」ということなのです。以下、ケアマネジャー（ＣＭ）とサービス提供責任者（サ責）のやりとりです（丁寧語は省略しています）。

　ＣＭ「以前にも、掃除をしていないことがあったのか」

サ責「数回あった。ただ、理由を聞くと、忙しかったからと答え、翌週には掃除ができていたので、そのままにしていた」
CM「今回、訪問したときの家の中の様子はどうか」
サ責「部屋にはごみが散乱し、台所の流し台にも洗い物がたまっていた」
CM「健康状態で気になることはないか」
サ責「体調が悪いという感じはしない」

　報告を受けて、すぐにケアマネジャーが訪問すると、部屋や流し台はヘルパーによってきれいにされていました。一見、田中さんも変わった様子には見えません。でも、訪問介護事業所からの報告は、明らかに「異変」を告げています。「ヘルパーさんから、田中さんにしては珍しくお部屋が散らかっていたという報告を受けました。からだの具合でも悪かったのですか」と単刀直入に聞いてみました。

　すると田中さんは、「いろいろと面倒になった」と答えます。サービス提供責任者が言っていた、「忙しかったから」の理由とは違います。ケアマネジャーは、認知症の進行を直感。翌週の外来受診（もの忘れ外来）の約束を田中さんから取り付けました。

　田中さんの家を出ると、それを待っていたように近所の人から話しかけられました。以前、あいさつをしていたので、ケアマネジャーであることは知っています。近所の人は、自治会の班のメンバー。「自治会活動に参加しなくなった田中さんの様子が気になっている」と言います。ただ、田中さんに声をかけても迷惑そうにされるので、ケアマネジャーの訪問を待っていたということでした。前述した班のメンバーと話がかみ合わなくなったことなどを聞いたのは、この時です。

　もの忘れ外来の受診の結果、認知機能は低下し、海馬の萎縮が進んでいるということでした。田中さんの生活も一変。人を避けるように、自宅にひきこもりがちになってしまいました。もの忘れによる混乱もみられます。ケアマネジャーは、田中さんの生活支援を再編するためケアプランづくりを急ぐことになりました。

これは、モニタリングが後手に回り、利用者の危機を察知できなかったエピソードです。なぜ、モニタリングが後手に回ったのか。いくつかの理由を考えていきましょう。

2 ▶ 危機を察知することは難しい

　本人の口からマイナスの情報（からだの不具合や生活上の困りごと）を入手するのは、簡単ではありません。

理由1　利用者本人の言葉に頼りすぎた

　自治会活動のことを生き生きと話す田中さん。さらに、健康面や生活の困りごとへの問いかけにも、「大丈夫。心配ない」と答えます。「人の役に立ちたい」という田中さんの応援団でもあったケアマネジャーは、本人の言葉に頼りすぎてしまいました。

　病気、家計、家族関係のこと…。事態が深刻であるほどに、他人に知られたくないのは、古今東西、世の常です。他人だけではなく、家族の間であっても隠しごとがあるのが普通でしょう。自分自身が認めたくない変化もあります。

変化の情報を開示するかどうかは個人の自由意思であり、個人のプライバシーを知ることは限定的であるべきでしょう。ですが、ケアマネジャーと利用者の間に形成された援助関係に基づいて、利用者が望む生活を実現するために、知っておいたほうがよい情報も少なくありません。なかでも、望む生活への道にブレーキがかかりそうな状況の変化は、早めに察知し、対策を講じたり、ケアプランの軌道修正を行ったりする必要があります。

　このエピソードの場合では、「認知症高齢者の日常生活自立度がⅠ」である点を踏まえ、「認知症は進行する」という変化を予測する視点をもってモニタリングに臨むことも必要だったかもしれません。ただし、「監視」する気持ちは厳禁です。あくまでもサポーティブ（支持的）に見守っていくという姿勢が必要です。

3 ▶ 多面的な情報の入手には、秘訣がある

　利用者に迫っている危機の察知には、利用者のケアにかかわるすべての人が力を合わせることが必要です。

理由2　サービス事業所からの報告が遅れた

　几帳面できれい好きな田中さんが掃除をしないのは、田中さんの異変を知らせるサインです。ところが訪問介護事業所は、そのサインに気づくのが遅れてしまいます。そして、誰が見てもおかしいという段階になって、やっとケアマネジャーに報告がきたのです。とはいえ、報告の遅れの責任のすべてが訪問介護事業所にあるわけではありません。サービス事業所と行うモニタリングは、ケアマネジャーとサービス事業所の協働作業であるからです。

　ケアマネジャーより頻回に、しかも生活に直接かかわるサービス提供を行っているサービス事業者から寄せられる情報は、大変貴重なモニタリングの情報源であり、情報がいち早くもたらされる関係性をつくっておく必要があります。そのための秘訣を2つ紹介します。

　1つ目は、「情報をもらいたければ、こちらから情報を出す」ということです。モニタリングは協働作業です。サービス事業者にとっても、別視点からのモニタリング情報は貴重です。個人情報の保護に留意しながら、「ケアマネジャー視点のモ

ニタリング情報」をサービス事業者に届けましょう。一方的に「情報をください」というだけでは、有益な情報を得ることはできません。

　2つ目は、情報提供に感謝を示すとともに、「情報をどのように役立てたかを報告する」ということです。情報をもらいっぱなしにせず、入手したモニタリング情報をどのように役立てたのかを、なるべく早くフィードバックします。フィードバックは、書面でも口頭でもよいでしょう。

　情報提供に感謝を示すことと情報提供に対するフィードバックは、協働作業者（パートナー）としての最低限のルールだと心得ておきたいものです。

　このようにして、サービス事業者との間に、協働作業者としての信頼関係を育てていきます。言い換えれば、モニタリングはサービス事業者との信頼関係を深める好機でもあるのです。

4 ▶「近隣」について考えてみよう

　特に一人暮らしの利用者について、近隣は貴重な情報源となります。ただし、サービス事業者などの「専門職」とは連携のニュアンスが異なります。

理由3　近隣からの情報の入手経路が細すぎた

　田中さんの異変にいち早く気づいていたのは、自治会の班のメンバーでもあった近所の人でした。ところがその情報を入手できたのは、ケアマネジャーが異変に気づいた後でした。ケアマネジャーやサービス事業所は、「守秘義務」を負っています。ところが、近隣など一般の人には守秘義務はありません。それゆえに利用者情報の交換には慎重になる必要があります。しかし、地域生活者である利用者にとっ

て、近隣のサポートもまた大切です。

　このエピソードでは、自治会の班のメンバーである近所の人は、田中さんの生きがいである自治会活動の当事者であり、近隣のなかでもキーパーソンに位置づけられる存在です。しかも、近所の人とケアマネジャーは面識があり、ケアマネジャーが田中さん宅に訪問するのを待っていたということでした。つまり、近所の人から連絡を取りたがっていたのです。でも、積極的に電話連絡などはありませんでした。このあたりに、近隣との連携のデリケートな難しさがあります。

　近所の人との面識は、ケアマネジャーが田中さんの担当になったときにあいさつをした際にできたものでしょう。その際、「何かあったらご連絡をお願いします」などと言って名刺を渡したはずです。しかし、「積極的に電話をして田中さんのことを報告する」までには至らないことが多いのが現状です。なぜなら、近所の人は、田中さんのことについて「責任」を負っているわけではないからです。また、ここは重要なポイントですが、「専門の介護の人たちが出入りしているようだから、素人は、余計な口を出さないほうがいい」などと思っていることも少なくないのです。これは、介護保険が抱える1つの課題です。逆に、田中さんが顕著な異変に見舞われたときや、火の不始末やごみ出しなど、近隣が心配や迷惑を感じるときは、むしろ積極的に連絡がきたりします。

　利用者本人の了解をとることは大前提として、ケアマネジャーのほうから積極的にアプローチしなければ、「必要な情報を必要な時に」近隣から入手するのは困難でしょう。①利用者と近隣の今までの関係性を踏まえ、②専門職では及ばない地域の支援者として、③今までよりもよりサポーティブに本人を見守り、④利用者の変化（異変）を感じたら気軽に連絡してもらえる関係をぜひ築いてほしいと思います。その際、いつもの支援や見守りに感謝するとともに、個人情報保護の範囲内で利用者の最近の様子を伝えるなどしながら、近隣へのアプローチを行いましょう。

02 あらゆる場面でモニタリング

利用者宅やサービス事業所への訪問を基本として、サービス担当者会議、電話でのやりとり、ファックス、メール（Eメール）、郵便など、モニタリングはあらゆる場面で行われます。

01 基本はフットワークだ

あらゆる場面で行われるモニタリング、しかし、基本は「訪問」です。利用者宅への定期的な訪問はもちろんのこととして、サービスの提供現場、サービス事業所、さらにはインフォーマル資源のもとに足を運べば、「行ってよかった、来てよかった」と思うことがしばしばです。

1 ▶ 利用者宅には宝物があふれている

サービスを提供するためにサービス提供者は、利用者宅を訪問します。モニタリングの目的のためだけに訪問するのは、ケアマネジャーをおいてほかにありません。つまり、1回の訪問を丸ごとモニタリングに当てることができるわけで、ケアマネジャーが五感を駆使すれば、きわめて多くのモニタリング情報を得ることができます。それは、ケアマネジメントを進めるケアマネジャーにとっての宝物。いくつか例をあげていきましょう。

利用者宅への訪問で得られるモニタリング情報

・暮らす力、生き抜く力（要介護であっても暮らし続ける利用者の力）
・老いや障がいをカバーする生活上の工夫

- 飾り気のない日常、飾ろうとする力
- 利用者と家族の関係と変化
- 表情、動作、姿勢、声の調子などにみる心身状態
- 「自分の城」で語る言葉の数々――ケアプランのこと、サービスのこと、最近の気持ち、暮らしへの不安、楽しみ、希望、家族のこと
- 前回の訪問から今日までの出来事
- 家族から聞く利用者のこと、介護の大変さ、愚痴の数々
- 新たに発見する「生きてきた歴史」と思い出の品々
- 玄関まわりや庭の掃除の状態
- 玄関の呼び鈴を押すなどしてから対応があるまでの時間
- 玄関を開けたときのにおい、玄関内の様子
- 廊下、居室、台所の様子
- カレンダーへの書き込み（内容や筆跡）

　まだまだいろいろありそうです。これだけの宝物を前に、「月1回の訪問は義務だ」などと言うのは、あまりにももったいない話です。義務感だけで訪問すれば、宝物を見つける目も曇ってしまいます。

2 ▶ サービス事業所を訪ねて「顔の見える連携」を育てよう

　サービス事業所をケアマネジャーが訪ねるのはどんなときでしょう。サービス提供票を手渡しするとき、気になる利用者や家族のことを相談するとき、ケアプランの内容を相談するとき、地域の研修会や地域イベントの調整をするとき、通りすがりなど、さまざま場合があるでしょう。

　サービス事業所を訪問して、利用者の話をしたり、情報交換をしたりすることで、「顔の見える連携」が育ち、モニタリング情報もレスポンス（反応）よく行き来できるようになります。このほかにも、細かいニュアンスの話ができる、苦労を分かち合える、いざというときに頼りになる関係が育つなど、訪問のメリットはたくさんあります。利用者が「その人らしい暮らし」を達成するための協働体制を育んでいきましょう。

3 ▶ サービスの提供場面を見ずして「モニタリング」を語ることなかれ

　モニタリングには、「状態を監視する」という意味があります。でも、これは、「上から目線」です。ケアマネジャーがサービスの提供場面に出向くモニタリングでは、利用者に対しても、サービス提供者に対しても、まずは、この「監視」の気持ちをきれいさっぱりと捨て去ることが大切です。

　そのことを大前提として、サービスの提供場面をケアマネジャー自身の目で確かめることなしに、「モニタリング」は語れないのではないかと考えています。サービスの提供場面は、ケアプランに盛り込んだサービスの「現場」であるからです。ビジネスやマスコミの世界では、「ちゃんと現場を見てきたのか！」と上司が部下に厳しく言うことが少なくありません。現場を見なければ、「机上の空論」だと指摘されます。机上の空論とは、頭の中で考えただけで、実際には役に立たない案や計画。ケアプランが役に立たない計画にならないために、ケアマネジャーは「現場」であるサービスの提供場面に出向きましょう。

　利用者に実際に声をかけ、感想を聞いてみましょう。特に認知症がある利用者の場合は、サービスの提供場面で聞くことに大きな意味があることはおわかりいただけると思います。

　認知症の有無にかかわらず、多くの利用者は「よくしてもらって…」と答えるかもしれません。その際、表情など非言語的表現と言語的表現が不一致であれば要注意

です。真実をより物語るのは、非言語的メッセージです。

　サービス提供者の声も聞きましょう。サービス提供者が把握している利用者の様子、心身の変化、サービス提供上の困りごとなど…。利用者がいるところで話すのが不都合な場合は、場所を変えて聞きましょう。

4 ▶ 主治医には、こちらから情報を届けよう

　主治医とケアマネジャーの連携を考える前に、連携の中心にいるのは利用者本人であり、それをサポートする家族であることを確認しておきましょう。利用者や家族が主治医とやりとりできる場合は、それを優先します。

　「先生はどのように話されましたか？」などの質問を投げかけ、利用者や家族から医療面でのモニタリング情報を入手します。

　ケアマネジャーが主治医と直接連携をとるのは、利用者・家族と主治医との間のやりとりでは、必要な情報の共有がおぼつかないと思えるときです。その際は、利用者や家族に主治医と直接情報交換することの承諾を得たうえで、主治医にアプローチします。

　このところ、主治医とケアマネジャー間の「連絡票」などが整備されている地域が増えてきました。連絡票を利用することによって、診療所や病院の外来主治医との情報交換はかなり迅速に行えるようになってきています。ただし、主治医と面識がないのに、いきなり返信を求めるような連絡は避けるべきなのは言うまでもありません。連絡票のやりとりの前提として、訪問診療の際に挨拶したり、外来受診に同行して挨拶をしたりするなど、診療の邪魔にならないように配慮します。その他、地域では、連絡票を利用する際のルールを定めていると思いますので、そのルールに則って情報交換を行ってください。

　医療ニーズが高い利用者の場合や、連絡票による情報の交換がうまくいかない場合などには、より深い連携が必要になってきます。その際には、前述した「情報をもらいたければ、こちらから情報を出す」の方程式を使います。

　「大切な患者さんが自宅でどう過ごしているのかは、とても知りたい情報ですね」と話す医師がいました。私たちケアマネジャーにとって「大切な利用者さん」は、主治医にとっても「大切な患者さん」なのです。心を込めて、利用者情報を渡

しましょう（情報の提供には本人の同意が必要です）。

> **主治医に渡したい利用者情報**
> ・ケアプラン第1表〜第3表（特に第3表は、1週間のサービスの利用状況が一目でわかるので重宝がられる）
> ・服薬管理や服薬による日常生活の変化や影響
> ・心身状況の大きな変化（バイタルサインの特筆すべき変化、体重の急激な変化、摂食量の急激な変化などを数値化して伝える。例えば、体重が○○週で○○kg減ったなど）
> ・1日の生活の様子（例えば、センター方式の「24時間生活変化シート」などを活用し、生活の様子を可視化して伝える）

　このような情報を提供しながら連携を深め、サービス担当者会議への出席を依頼していきましょう。訪問診療を行っている主治医の場合は、訪問診療の直後にサービス担当者会議をセッティングするなど、参加をしやすくする方法も検討します。

02　顔を合わせないときは細心の注意を

　電話、ファックス、メール（Eメール）でのモニタリング情報のやりとりは、訪問よりも時間などの面で効率的です。ただし、フットワークで築いた「顔が見える連携」があってはじめて、スムーズに機能することを心に刻んでおきましょう。また、いずれの場合も顔を合わせないやりとりなので、細心の注意が必要です。

1 ▶ 利用者や家族との電話は、気遣いと想像力が必要

　訪問の約束のほか、電話によってモニタリングを行うことがあると思います。こちらから電話をかける場合は、電話によって先方の生活行為が中断することを考えに入れておきましょう。電話を受ける相手、電話に出る行為の大変さ、電話を受ける際の生活の様子などを思い浮かべ、電話を入れることが必要です。

　こちらからかけるにせよ、相手からかかってきたにせよ、電話では、音声による

情報に頼るしかありません。話し方、息遣い、声のトーンなど、聴覚をフル動員して、相手の状況を想像しましょう。「危機」が声の奥に潜んでいて、すぐに訪問するか、医療機関に連絡するかしたほうがよい場合もあります。

　ケータイ（携帯電話）については、事業所全体で対応を考えましょう。ケータイの番号をどこまで教えるか、事業所のケータイと個人のケータイをどのように使い分けるか、ケータイを使ってのメール等のやりとりをどのようにするかなど。今の時代、ケータイは日常の風景となっています。利用者の子ども世代はもちろんのこととして、利用者やその配偶者もケータイを日常的に利用する時代になろうとしています。公私混同問題を念頭に置きながらも、利用者や家族の安全、安心、利便の助けになるルールを検討していきましょう。

2 ▶ ファックスやメール（Eメール）は個人情報の流出にご用心

　ファックスやメールでやりとりする利用者情報は、まさに個人情報そのものです。個人情報の保護には細心の注意を払いましょう。

　ファックスは、誤送信がないように番号を再確認します。複数の人が目にする場所に届くことを前提に、送信する直前に電話で知らせることが必須です。万が一に備え、氏名の一部を消すなどの配慮も必要でしょう。

　メールでのやりとりでは、メールアドレスが個人なのか部署等で共有なのかで、個人情報の取り扱いを変える必要のある場合があります。介護や医療機関は、機関として守秘義務を負っていますが、複数のスタッフが目にする可能性がある場合などには、個人情報にかかわるやりとりはさらに慎重になるべきでしょう。

03
モニタリングの記録は、開示を意識しよう

　モニタリングの記録(支援経過記録など)は公的な文書です。専門職としてのケアマネジャーの仕事の根拠であり、専門性の証明でもあります。いつ、誰が見てもわかる文章で記載することが大切です。また、記録には責任が伴います。情報公開・開示請求や介護事故に関する訴訟も増えています。それに備える気持ちで記録に臨みましょう。

わかりやすく、失礼のない文章を書くために

わかりやすい文章、失礼のない文章を書くための心得を7つあげます。

わかりやすく、失礼のない文章を書くための7つの心得
1　「5W1H」または「6W2H」で書く
2　時系列で書く
3　ワンセンテンス(一文)を短く書く
4　客観的事実を書く(主観的・抽象的に書かない)
5　人の話した言葉は、「　」を付け、言ったとおりの言葉で書く
6　普通の言葉で書く
7　利用者・家族の尊厳を守る書き方をする

1 ▶ わかりやすく、もれなく伝える

　1～5については、一般常識として身につけておきたい書き方の技術です。この

なかから、「5W1H」と「6W2H」について簡単に説明します。

「5W1H」は、情報をわかりやすく、もれなく伝えるために、情報伝達の要素を6つあげたものです。新聞記事を書くときの原則として知られるようになりましたが、ビジネス文書や公的な文書にも広く応用されています。「5W1H」に、対象者（Whom）と、数値（How much）を加えた「6W2H」は、「誰に」対して「どれだけ」という「物差し」が明示されるので、モニタリングの記録により適していると思います（表 6-3）。

表 6-3 「5W1H」と「6W2H」

5W1H	6W2H	
When	When	いつ
Where	Where	どこで
Who	Who	誰が
	Whom	誰に
What	What	何を
Why	Why	なぜ
	How much	どれだけ
How	How	どのようにして（行った）

2 ▶ 言葉を大切にする

7つの心得の6番目の「普通の言葉で書く」を考えてみます。最近、介護現場の記録で次のような記録を目にしました。

> 利用者○○氏より入電あり。
> ○○宅に架電した。
> ○○氏に聴取したところ…

なぜ普通の言葉で書かないのでしょうか。「入電」「架電」「聴取」と書く理由はなんなのでしょうか？

記録には、誰もがわかる「普通の言葉」で次のように書きましょう。

> 利用者〇〇氏より電話があった。
> 〇〇宅に電話をかけた。
> 〇〇氏に聞いた（伺った、確認した）ところ…

　介護の略語も要注意です。例えば、食介、体変、居宅、身体、Ｐトイレなど、一般の人が見たら意味不明だったり、別の意味に解釈したりする言葉を記録には書かないようにしましょう。ちなみに、普通の言葉は順に、食事介助、体位変換、居宅介護支援事業所、身体介護、ポータブルトイレです。

　専門用語や略語を使うと、専門性が身についたような錯覚を起こします。ですが、それは独り善がりな自己満足にしかすぎません。記録は公的な文書であり、誰が見てもわかる「普通の言葉」で書く必要があります。

　「ケアマネ」ではなく「ケアマネジャー」、「主マネ」ではなく「主任ケアマネジャー」、まずは自分たちを略語ではなく普通の言葉（正しい言葉）で記載することから始めましょう。

3　胸を張って利用者に見せることができますか？

　この章の最後は、７つの心得の７番目。「尊厳」についてです。

　言葉は、意識の反映です。自分自身が持ち合わせた言語を、どの場面でどんな言葉を使って表現するのかは、その人の人間性の表現ともいえるでしょう。「人間の尊厳」を業務の中心に据えている私たちは、人を大切にする表現を選び取っていく必要があるのだと考えます。「認知症」を例に考えてみましょう。次のような言葉を使うことはありませんか。

● 「指示が入らない」

　利用者は、指示をされる「客体」ではなく、自己決定できる「主体」です。人生の最期の時まで、自己決定を尊重する支援・援助が求められます。

● 「病識がない」

　認知症がある人は症状を自覚できないわけではありません。「何か変だ」と自分の異変にいち早く気がついています。周囲の反応に、「何か自分が変なことをしてしまったのではないか」などと、言いようのない不安や焦燥感を抱いています。

「病識がない」と第三者が決めつけるのは、本人の尊厳を傷つけることにほかなりません。

● **「認知症」を「ニンチ」と呼ぶ**

「〇〇さんは、ニンチがある」「ニンチが入っている」「ニンチが出てきた」「ニンチが進んだ」

あなたがそう言われたらどんな気持ちがするでしょうか？

そもそも、利用者を認知症がある、ないで区分する風潮にも違和感を感じます。それに輪をかけ、「認知症」を「ニンチ」と呼ぶのは、高齢者の尊厳の保持をまったく感じることができません。

毎日の支援と同じように、胸を張って利用者や家族に見せることができる「記録」をぜひ心がけてください。

第7章

自己評価・終結
支援の値打ちを振り返り、感謝する

01
自己評価は、利用者とあなたのために

02
10個の視点で「本人主体」を評価する

03
3つの終結

01
自己評価は、利用者とあなたのために

　前章の「モニタリング」にも「評価」という言葉がしばしば登場しました。そこで見てきたのは、利用者本人と一緒に評価の物差しを決め、ケアプランの良し悪しを把握したり、目標の達成度を測ったりするための「評価」でした。この章では、モニタリングにおける評価とは別に、ケアマネジャー自身が行う「振り返り作業としての評価」（自己評価）を考えていくことにします。岡田進一氏は、「ケアマネジャーが専門職として技能を高めるためには、それぞれの事例の自己評価を行うことが求められる」と自己評価の必要性を強調しています[1]。

01　事実についての価値判断

　「評価」という言葉について考えてみましょう。「評価研究」という学問があり、その大御所であるアメリカのマイケル・スクリヴェンは、「評価とは、物事の意義、値打ち、重要性を明らかにすることである」と定義し、「評価＝事実特定＋価値判断」としています[2]。つまり、何が起こったのかという事実を明確にして、それについて価値判断を行うことが評価というわけです。
　私たちの仕事に当てはめてみれば、利用者にどのような支援を行ったのかを振り返り、それについて、「意義、値打ち、重要性」についての価値判断を行うということになります。もっと平易にいえば、利用者に対して行った支援が、値打ちのあるものだったのかどうか判断していく作業が評価（自己評価）といえるのだと思います。
　ケアマネジャーは言葉を介し、相手との関係性を通して仕事をします。ケアマネジャーが発した言葉が相手に与える影響は大きく、極端にいえば、相手の人生を左

右することにもつながります。ケアマネジャーが自らの支援にどのような中間評価を行うかで、支援の方向が変わることもあります。また、支援の終結後に自らの支援を振り返り評価することも大切で、自分の実践力を高めるとともに、次の利用者への支援の質も上がります。

02 本人主体の支援なのかを評価する

　評価の中心に何をおけばよいのでしょうか？　岩間伸之氏は、「対人援助は何を根拠とするのか」と問いかけ、援助の根拠となるものが「価値」であるとしています。そのうえで「中核的価値には、本人を取り組みの主体におくという意味での『本人主体』という援助概念を位置づけた」と述べています[3]。

　本書でも、「利用者との協働作業としてのアセスメント」「利用者と一緒につくるケアプラン」「利用者と一緒に行うモニタリング」など、利用者本人が主体となる支援を強調してきました。そこで自己評価においても、自分が行った支援が「本人主体」になっているかどうかを問いたいと思うのです。以下、本書で説明した内容から、本人主体の支援かどうかを評価する視点を10個に整理してみました。

本人主体の支援を評価する10個の視点

① 利用者の力を信じたか
② 自己決定のために情報を丁寧に手渡したか
③ 利用者の話を十分に聴いたか
④ 「望む生活」を利用者と一緒に考えたか
⑤ 「総合的な援助の方針」を利用者と一緒に決めたか
⑥ 利用者と一緒にケアプランをつくったか
⑦ ケアプランは利用者の思いや気持ちに添っているか
⑧ 利用者のストレングスを見つけたか
⑨ 利用者と一緒にモニタリングの「物差し」を考えたか
⑩ ケアマネジメントに「希望」の光が差しているか

02 10個の視点で「本人主体」を評価する

自分の支援を振り返り、評価を行っていきましょう。

01 支援を書き出して振り返る

　評価は、事実特定と価値判断のセットで行います。事実特定に当たる部分が支援の振り返りです。ではどのように振り返るのか。もっとも効果的な方法は、自分の支援を書き出してみることです。

　支援経過を記載する様式として、居宅介護支援の場合は、第5表「居宅介護支援経過」があります。ただしこれは公式文書であり、「項目ごとに整理して記載するように努める」など、他者に見せるのが前提であり、記録を残すことに目的があります。

　一方、支援を振り返り、書き出す作業は、自分が行った支援に対する自己評価を行い、実践力を高めることが目的です。奥川幸子氏は、「実践力を高めるために書いてみることをお勧めします」と言い、その理由として「書くことそのものの行為と、一度自分の内にあったものを外に出して眺めてみる時間の両方が、考える作業になるからです」と考えることの重要性を強調しています。また、書き方のイメージとしては、「できるだけ、あなたとクライアントとのあいだにあった出来事を『綴る』という感覚で、さまざまな場面を思い起こしながら、あなたの率直な『生の』言葉で表現されることをお勧めします」としています[4]。

　他者に見せる記録ではなく、あなたの実践力を高めるためのもっとも効果的な方法として、支援を書き出し、振り返りましょう。

02 「本人主体」を問い続け、支援の値打ちを上げる

　本人不在の支援は、本人にとって値打ちがないばかりか、本人の尊厳を傷つけてしまいます。逆に、本人主体の支援は、利用者本人にとって値打ちの高いケアマネジメントといえるでしょう。前述した「本人主体の支援を評価する10個の視点」を本書で述べてきた内容も含め、説明していきます。

1 ▶ 利用者の力を信じたか

　利用者の力を信じるということは、利用者の人権を尊重するということです。援助する人、される人という関係は、「要介護者だから」「障がい者だから」「認知症だから」などのバイアスを無意識のうちにかけてしまうことがあります。ケアマネジャーが「何かしなければならない」「サービスを入れなければ」と力んでしまったり、「手がかかる人」「サービスを利用しないと生活できない人」と思い込みレッテルを貼ってしまったりすると、利用者の力が見えなくなってしまいます。

　バイアスを外し、力を抜き、レッテルを剥がして利用者を見ると、そこには豊かな心をもった一人の「人」が現れます。バイアスをかけていないか、力んでいないか、レッテルを貼っていないかを自己点検しましょう。家族を含めたケアチームメンバーの誰よりも利用者の力を信じることができたかを、自己評価しましょう。

2 ▶ 自己決定のために情報を丁寧に手渡したか

　利用者は長い人生のなかで、何度も自己決定を繰り返してきた人たちです。苦渋を伴う自己決定もあったでしょう。決断に迷うこともあったでしょう。それでも、何らかの自己決定を行い、今があるのだと思います。

　まずは、利用者の自己決定力を低く見積もっていないだろうかと自問してください。そのうえで、利用者の自己決定に役立つ情報を、理解しやすい形で手渡したのかどうかを検証しましょう。その他にも、家族の都合を優先していないか、決めることを急がせていないか、魅力ある選択肢を提示しているか、周囲の望む方向に誘導していないかなど、自己決定のサポートの質を自らに問いかけましょう。

3 ▶ 利用者の話を十分に聴いたか

　ケアマネジメントの中心にいるのは利用者です。認知症があっても、コミュニケーションに障がいがあっても、意思を伝え合うことはできます。出会いから別れまで「利用者本人に聴くこと」が基本中の基本です。

　ところが事例検討会などで、「本人に聞いていなかった」「本人の意思を確認していなかった」「家族の声に引きずられた」などの声を聞くことがあります。ケアマネジメントプロセスの折々に本人の話を聴いてきたかを振り返りましょう。

　認知症と診断されている利用者を前にして、家族とだけ話してはいないかも重要なチェックポイントです。認知症が進行している利用者であっても、自分のことを話しているということは十分にわかります。もし、家族が「この人は何もわかっていないから」などと、利用者について悪口などを話し、あなたがそれを黙って聞くだけで、大きな苦痛を利用者に与えてしまいます。

　また、利用者のなかには、具体的な支援よりも、ただ思いを聴いてほしいという人もいます。モニタリング訪問の際、「体調の変化はないだろうか」「今のサービスでよいのだろうか」「家族介護者の疲れはたまっていないだろうか」「目標の達成度はどうだろうか」などのチェックをするのはとても大切なことですが、そのことばかりに気を取られていると「聴いてほしい」という気持ちに応えることはできません。あなたの訪問を心待ちにしている利用者本人の思いを置き去りにすることのないように気を配りたいものです。

4 ▶「望む生活」を利用者と一緒に考えたか

　利用者は、今までに経験したことのない要介護状態を前に、正体が見えない不安に包まれています。そんなとき、「どのような生活を望みますか？」と尋ねても答えようがありません。アセスメントを利用者本人と一緒に進め、課題を整理し、課題解決のための方法などを情報サポートしていくことで、現実の課題が明確になり、課題を乗り越えることで到達が可能な「望む生活」が見え始めます。

　ケアマネジメントは、本人の問題解決力を引き出したり、情報サポートを行ったりすることで、本人の望む生活を実現するための営みです。そのゴールである望む生活を一緒に考えたか否かは、自己評価の大きなチェックポイントです。

そのときに気にかけておくことは、高齢者であるがゆえの「我慢」「遠慮」「他者へ対する配慮」が身についている人が多いということです。「老いては子に従え」と自分の思いを抑えて生活することに慣れている人は少なくないでしょう。他人や家族に気を遣いながら日々の生活を送る…。また、歳を重ねて「要介護者」と言われる立場になった途端にネガティブな思いが大きくなり、ポジティブなことに思いを馳せられなくなっているのかもしれません。そうであればなおさら、望む生活を「一緒に考えていくこと」が大切なのではないでしょうか。

5 ▶「総合的な援助の方針」を利用者と一緒に決めたか

「総合的な援助の方針」は、ケアマネジャーやサービス担当者が、どのようなチームケアを行おうとするのかを記載するものです。ただし、ケアマネジャーなどのケアの専門家が一方的に方針を示すものではなく、利用者の合意が必要です。その合意は、心からの納得に基づくものである必要があります。例えば、ケアマネジャーがサービス担当者会議の席で読み上げて、形ばかりのうなずきを求めるだけではなく、乗り越えなくてはならない課題やその解決策を利用者と一緒に考えてきたかが問われるのです。

形ばかりの合意かどうかは、ケアマネジャー自身が一番よく知っています。「自己評価」の意義は、その辺りにもあるのです。

6 ▶ **利用者と一緒にケアプランをつくったか**

利用者の目の前にある課題は、利用者自身の課題であり、それを解決するのは利用者です。だから、もし利用者が課題の解決方法を知ってさえいれば、そのプランをつくるのは、利用者本人がもっともふさわしい適任者なのではないでしょうか。

ただし、社会資源の種類やそれを使うための手続きなど、利用者には情報が不足しています。方法論についてもケアマネジャーの専門性が役に立ちます。そこでケアプランは、利用者とケアマネジャーの「協働作業」でつくることになります。

ケアプランは、ケアマネジメントの骨組みをつくる重要な作戦書です。その作戦書に利用者の意思が十分に反映されているのかを評価してください。

7 ▶ ケアプランは利用者の思いや気持ちに添っているか

　利用者と一緒にケアプランをつくるときに大切にしたいのは、利用者のその時々の「思い」や「気持ち」がケアプランに息づいているかです。ニーズの解決について、最初からやる気満々の利用者ばかりではないのは、ご存じのとおりです。それなのに、ケアプランのニーズの欄に「〇〇したい」とポジティブな言葉ばかりを並べても、利用者の思いや気持ちに添っているとはいえません。

　思いや気持ちは変化します。そのことを踏まえ、その時々の思いや気持ちに添い、成功体験を一つずつ積み上げていくようなケアプランを利用者と一緒につくることができたかどうかをチェックしましょう。

8 ▶ 利用者のストレングスを見つけたか

　利用者は、一面において「支援が必要な人」かもしれません。でも、別の一面においては、「大いにできる人」です。障がいがあっても、認知症でも、寝たきりでも、「できること」はたくさんあります。その視点に立ってケアプランをつくったかどうかを点検しましょう。

エピソード１：ストレングスは見つけるもの

　脳梗塞後遺症で、利き手である右手が麻痺している女性（73歳）がいました。家事はすべて５歳年上の夫が行っています。お茶も夫が入れていました。「今まで苦労をかけたから恩返しだ」と、夫は家事の労をいといません。それはそれで、老いらくの夫婦愛を感じるのでした。

　女性は、通所リハビリテーションに通っています。ある日、通所リハビリの事業所を訪ねたところ、自宅では見ることができない女性利用者の姿を目撃しました。それは、ゆっくりとした動きで時間がかかるものの、利き手ではない左手で湯呑(ゆのみ)を配り、急須でお茶を入れる姿でした。他の利用者にお茶を入れる役割を担っているのです。スタッフが手伝い利用者にお茶を配ると、他の利用者は口々に「いつもありがとうね」「おいしいお茶ですね」などの言葉を女性にかけます。そこには、時間がかかっても気長に待つ姿勢と、女性利用者への感謝と賞賛がありました。

夫にその日の様子を伝えました。本人には、「家庭でもおいしいお茶を夫へ入れてみてはどうか」と提案してみました。ただお茶を入れるのではなく、「おいしいお茶を入れる」ということにこだわった提案です。本人の夫に対する思いを、おいしいお茶を通して反映してもらえるかなと思ったからです。本人は、目を細めて快諾。「毎食時においしいお茶を入れる」ことを日課として計画しました。そして、これをきっかけに本人が少しずつ片づけも手伝う形になりました。元気な時にはあり得なかった台所でのツーショット。夫とのコミュニケーションが増えるようになり、新しい夫婦の形が生まれました。

　ストレングスは、いろいろなところにあります。利用者のストレングスを見つけることができたかどうかも、大きなチェックポイントです。

9 ▶ 利用者と一緒にモニタリングの「物差し」を考えたか

　自分が好きなもの、嫌いなものは、自分以外にわかりません。自分の心地よさも、痛みも、他者が味わうことはできません。同様に、自分の「望む生活」を知っているのは本人をおいてほかにありません。「望む生活」の実現に向けて営まれるケアマネジメントの主体が利用者本人でなければならない理由もこの点にあります。当然ながら、モニタリングの主体も利用者本人です。

　モニタリングを行うためには、ケアマネジメントの成果を測る「物差し」が必要であり、その物差しは、ケアマネジャーのサポートを得ながら利用者が決定します。そして、その物差しで測るのは「利用者の頑張り」ではなく「ケアプランの適

切さ」です。

　ケアマネジメントプロセスは、「継続」「循環」していくものであり、モニタリングの期間は、利用者の日常の風景に最も多く重なります。それゆえに、モニタリングに本人が能動的にかかわるか否かは、本人主体のケアマネジメントの成否に大きく影響します。利用者と一緒にモニタリングの「物差し」を考えたかどうかは、とても重要な評価のポイントです。

10 ケアマネジメントに「希望」の光が差しているか

　要介護状態になったことをきっかけにケアマネジメントは始まります。それは、悲嘆のなかからの出発です。そこに希望の明かりを灯すことができたかどうかを自己評価してみましょう。ケアマネジメントに希望の光が差し込むほどに、本人の主体性が高まります。

エピソード2-①：希望の日常

　日本で韓流ドラマが流行していた頃の話です。口数が少なく、物事を慎重にとらえるタイプの80代の女性が利用者でした。本人宅を訪問した際、韓流ドラマの記事の切り抜きがあったので話を聞いてみました。すると本人が幼い頃、父親の仕事で5年ほど韓国に住んでおり、韓流ドラマが放映されていると友人から聞いたので観ているとのことでした。感想を尋ねると「昔の日本のような感じのドラマ」「懐かしい」「住んでいた頃に比べ、どんなふうに変わっているかねえ」など、いつもとは違ってよく話します。ケアマネジャーである私は、「行ってみたらいかがですか」と提案しました。

　今まで見たことのないうれしそうで多弁な本人の様子に、「このまま終わらせたらもったいない」と思いました。そして、健康状態の安定度、経済的余裕、社会資源などをとっさに総合し、本人がその気になれば実現は可能だと判断。韓国行きを提案したのです。その提案に、表情はさらに明るく輝きましたが、すぐに慎重思考の本人に返りました。

エピソード2-②：希望の日常

「もうたぶん無理。そんなに動けないから」

「（福岡からは）飛行機で1時間半くらいだし、車いすを使うこともできます。多少お金はかかりますけれど、自費で同行してくれるトラベルヘルパーも利用できますよ」

「そうねえ、でも、今のこの身体じゃやっぱり無理よ」

　今の身体の状態を考えると、海外まではとても無理と自己判断された様子でした。しかし、ケアマネジャーとしては「行ってみたらいかがですか」と提案した際の本人のとても明るい表情が印象的で、やはりこのまま終わらせたらもったいないと考えました。そこで、実現の可能性について、本人と一緒に話し合うとともに、主治医に相談してみることを提案しました。

エピソード2-③：希望の日常

　主治医からは、「車いすなら明日行っても大丈夫」というお墨付きをもらったといいます。でも、本人は「もう少し自分で動けるようになりたい。せめてトイレには自分一人でいけるようになりたい」と返したそうです。すると主治医は、「では、根気強く練習をしましょう」と答えたということです。

　最初の頃は、「やっぱり無理かも」とためらっていましたが、話し合った結果、思い切ってケアプランを書き直すことにしました。ニーズの欄は「韓国に行くために、少しでも自分でできることを増やしたい」、長期目標は「韓国へ行く」、短期目標には「なるべく外出の機会を増やす」「持久力の向上」「トイレに一人で行く」ことをあげました。加えて通所リハビリのスタッフに相談し、サービス内容の欄に「通所リハビリで韓国語を学ぶ」と書くことができることになりました。

　通所リハビリスタッフのサポートもあり、このケアプランを継続していきました。しかしおよそ1年後、利用者は心疾患を発症、施設入所を経て最終的には入院となり、結果として韓国への旅行は叶うことなく亡くなりました。しょせん叶わぬ

夢だったのでしょうか。でも、利用者が施設に入所するときに、こんな言葉を語ってくれました。

「韓国に行きませんかと言ってくれた時、とても嬉しかった。最初は、叶えることは難しいと思っていたけれど、いろいろなことを話し、たくさんの応援もいただき、ひょっとしたら本当に叶うかもしれないという気持ちになったのよ。だからちょっとだけ頑張ることができたの」

歳を重ね、老いと向き合い、やがて誰にでも必ずやってくる死。ケアマネジャーがかかわる時間は、利用者の長い一生に比べたら束の間かもしれません。でも、その日常に「希望」が見え、そして、人生の最終章を「主人公」として生きてもらうために、「本人主体の支援」になっているのかどうかを、入念に自己評価したいと思うのです。

03 3つの終結

　すべてのケアマネジメントは、やがて終結を迎えます。終結の理由にはいくつかあります。居宅介護支援の場合であれば、次の3つが代表的な終結でしょう。
① 「要介護」ではなくなった
② 施設に入所した
③ 利用者が亡くなった
　それぞれの終結における支援の要点をみていくことにします。

01 「要介護」ではなくなったら、フォローアップを

　要介護認定が「自立」となった場合のほか、要支援を担当しない事業所では要支援認定になった場合があげられます。保険者である市（区）町村は「元気になった」「介護の必要が少なくなった」と判定したわけで、それを喜ぶのが一般的ですが、介護保険の場合はそうとも言えないのはご存じのとおりです。
　ケアマネジャーは、自立になったり要支援になったりしたことで、何がどのように変わるのかなどを具体的に説明しましょう。主なポイントは次のとおりです。

「要介護」ではなくなったときに主に説明すること

① 要介護認定のしくみをわかりやすく説明する（直接影響を受けるので、関心をもって聞いてくれる）。
② 要支援への変更、または自立認定により、使えるサービスの種類、量、費用がどのように変わるのかを、利用者それぞれの現状と比較しながら具体的に説明する（一般論ではなく個々のケースで説明する）。

③ 認定の結果にどうしても納得ができないようであれば、介護保険審査会に審査請求ができることを知らせる。
④ 使えなくなるサービスがある場合は、代替となるサービスについて説明する（地域支援事業や自費サービスなど）。
⑤ 地域包括支援センターに引き継ぐ場合は、地域包括支援センターの役割や、今までと変わること、変わらないことを説明する（詳細は、新しい担当から説明をしてもらう）。
⑥ 自立認定でケアマネジャーによる支援が途切れてしまう場合は、電話連絡などで質問を受ける旨を説明する（事業所の方針を確認しておく）。
⑦ 自立認定の場合でも利用できる社会資源があれば説明したり、必要に応じて紹介したりする（事業所の方針を確認しておく）。

「要介護」ではなくなったからといって、ニーズが消滅したわけではありません。所属する事業所が許す範囲で支援のフォローアップを行います。

次に、地域包括支援センターに引き継いだ場合を事例で紹介します。

エピソード3-①：引き継ぎは、同行訪問が山場

利用者は、83歳の女性です。1年半前に自宅で転倒し、左大腿骨転子部（ひだりだいたいこつてんしぶ）を骨折しました。急性期病院での術後、リハビリ病院に転院。退院と同時にケアマネジャーを担当することになりました。術後からリハビリに意欲のある女性で、入院中に指導を受けたリハビリを自宅で毎日続けたほどです。

退院前に段差解消のための住宅改修を終えました。退院後は、特殊寝台の貸与を利用。本人の希望するデイサービスを週2回利用することになりました。デイサービスでは器具を使ったリハビリ（パワーリハビリ）に精を出し、半年後には要介護3から要介護2に、その1年後には要支援2となりました。

変形性膝関節症のため、歩行も不安定であり、本人は、「それほど状態は変わっていないのに」と不服でした。私は、要介護認定のしくみや担当が地域包括支援センターに変わることなどを説明しました。あまり納得ができていない様子で不満が

収まりませんでしたが、デイサービスを引き続き利用できることを伝えると少しはあきらめたようでもありました。そして、引き継ぎの山場である同行訪問の日がやってきました。

> **エピソード3-②：引き継ぎは、同行訪問が山場**
>
> 　同行訪問に先立ち、今回は、地域包括支援センターとの事前調整はあまり行いませんでした。理由は、自分の意思をしっかりともち、制度やサービスの理解も十分にできる利用者だったからです。利用者の目の前で引き継ぎを行い、その一部始終を見届けてもらおうと考えたのです。
>
> 　同行訪問の日、私は、地域包括支援センターの担当者にそれまでの経過を伝えながら、要所ごとに利用者にその時々の気持ちを語ってもらいました。言葉が足りないと思ったときは代弁もしました。また、現状のケアプランについては、利用者と一緒につくり上げてきた過程を強調しながら説明しました。ケアプランの項目ごとに利用者の思いが息づいているからです。そして、要介護度が改善してきた今までの道のり。さらには、支援をしてきたケアマネジャーとしてのポジショニングを同時に伝え、引き継ぎを終えました。

引き継ぎ終了後、利用者は、「私の気持ちを伝えてくれてありがとう」と言い、「あなたの仕事がやっとわかった気がするわ」と続けました。利用者に合わせどのような引き継ぎを行うかは、ケアマネジャーの腕の見せどころなのだと思います。

02　施設入所では、「生活の継続性」を引き継ぐ

　施設に入所する原因はさまざまです。ただし、その原因を問わず、施設入所は、「住み替え」であるという認識が必要です。新しいものへの適応力が弱くなっている高齢者の場合、住み替えは大きなリスクが伴います（リロケーションダメージ）。施設入所における在宅ケアマネジャーの役割は、住み慣れた自宅ではない所での生活が始まることに対しての「困難さ」や「不自由さ」をできるだけ少なくすることでしょう。

そのためには、「生活の継続性」という観点に立ち、在宅生活の支援で蓄えた情報を施設の担当者に引き継ぎます。利用者の意向、生活歴、大事にしてきたこと、人生の誇り、日課や習慣、生活へのこだわり、好きなこと（もの）、嫌いなこと（もの）、好む話、好まない話、知っておきたいサイン（例えばトイレに行きたいときの表情）など。特に、うまく自分の意思を伝えられない利用者の場合、専門的な視点を入れながら「生活の継続性」のための情報を伝えることができるのは、ケアマネジャーをおいてほかに適任者はいないのではないでしょうか。また、在宅支援で使用したケアプランはとても貴重な資料になり、「施設ケアプラン」への継続性も期待できます。

　引き継ぎにあたっては、できるだけ本人の同席が望まれます。なぜなら、「個人情報の伝達は本人がいるところで」が原則だと考えるからです。しかし、本人の心身状況や体力が落ちている場合もあり、本人の立ち会いが困難な場合も少なくないでしょう。そのような場合であっても、「もし、その席に本人がいたとしても支障がない内容や言葉遣い」で引き継ぎを行ってほしいと思います。

03　死去に伴う終結は、感謝の気持ちを

　人生の最期にかかわらせていただいたことへの感謝を込めて、3つの事例を紹介します。

エピソード4：チームで何度も話し合った

　80代後半の男性で、膀胱がん、骨転移もあり終末期の利用者でした。主介護者は奥さまで80代半ばです。長男家族と同居しています。
　――自宅での最期をどう支えていくか？
　本人、家族、主治医、訪問看護師、そして、ケアマネジャーの私で何度となく話し合いました。
　本人は、最期まで家にいることを望みました。それは、最期の瞬間までぶれませんでした。でも、奥さまはしばしば不安になり、介護疲れもたまってきました。長男家族も、それを見かねて「入院させてほしい」と希望することもあ

りました。

——私たちに何ができるだろう？

チームメンバーはそれぞれ一生懸命に考えました。訪問看護師は、今後予測されることをメンバーに説明し、あるものは先手を打ち、あるものはあえて起きるのを待ち対処することもありました。主治医は、痛みの軽減に努めました。ケアマネジャーは、奥さまの不安を和らげるよう聴き役になりました。長男家族は、家事を担い、年老いた奥さまは、「私が倒れそう」と言われながらも、別れの日まで夫の世話を続けました。

最期は長女も駆けつけ、家族に見守られながら終焉を迎えました。

多くの家族にとって、自宅での看取りは初めての経験です。迷うたびに、困難に出会うたびに、そのつど話し合いました。在宅ターミナルでは、1週間単位、1日単位、数時間単位で容態が変わる場合があります。それに伴い、訪問の回数も増えてきます。家族の覚悟とともに、支援チームも覚悟が必要です。

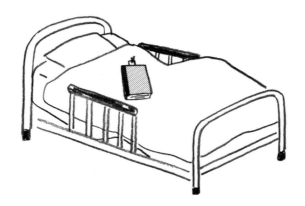

エピソード5：一人暮らしの終末

80代後半の女性、胃がん末期の利用者でした。一人暮らしで、頼ることができる親戚もありませんでした。初めて会った時、本人は余命がわずかなことを察していました。自分が死んだ後の葬儀の段取り、供養の手配までしていました。

援助者の多くは入院することを勧めました。私もその一人でした。

「不安ではありませんか？」

「痛みがひどくなった時には、困りませんか？」

そう尋ねましたが、本人は、「痛くても、一人でいる時に死んでしまうことがあっても、家にいたい」ときっぱりと言いました。その言葉を噛みしめ、主治医、訪問看護師、ヘルパー、大家、民生委員、地域包括支援センターが連携し、「最期まで家にいたい」との希望が叶えられるよう支援を続けました。

最終的には本人の不安が強くなり、主治医からの助言もあり、入院することになりました。その後、病院のソーシャルワーカーとの関係性を活かし、緩和ケア病棟に転棟することができました。

終末期医療の時間は限られています。ケアマネジャーの私は、今までどのような生活をしてこられたかを、病棟の担当看護師に直接伝えました。そのなかに、ヘルパーにつくってもらい好んで食べていたインスタントラーメンの情報がありました。本人が好きだった銘柄も伝えました。

緩和ケア病棟では本人の調子がよい時を見計らい、インスタントラーメンをつくったということです。麺を数本食べるだけだったようですが、亡くなる数日前まで食べたと聞きました。

亡くなったと連絡が入り、地域包括支援センターのスタッフとともに、遺体を迎えに行き、葬儀を済ませ、希望された寺へ遺骨をお連れすることができました。

　どのように最期を迎えたいかを確認しておくことは、本人の代弁者であるケアマネジャーの大切な仕事だと考えます。なお、独居の場合は一人で抱え込まず、地域包括支援センターや成年後見人などと連携しておくことをお勧めします。
　この利用者の場合は、在宅ターミナルにかかわったメンバーで「死後のカンファレンス」を行いました。それは、「グリーフケア」にも似た、悲嘆を癒やすカンファレンスにもなりました。

エピソード6：2度の退院、最期は自宅で

　57歳男性、膵臓がん末期の利用者でした。総合病院の緩和ケア認定看護師からの紹介です。この病院は、利用者の体調が許す限り、短期間であっても自宅に帰ってもらう方針です。
　3月に膵臓がんの診断を受け、私が利用者と奥さまに会ったのは7月でした。緩和ケア認定看護師からの依頼は、「今を外しては帰れない。利用者本人も退院を望んでいる」というものでした。
　利用者は、ベッドに端座位になるのがやっとの状態でした。主介護者となる奥さまは不安そうな様子で、こう言いました。
　「2年前に私ががんで入院したので、介護をしてもらうのは私のほうだと思っていました。家に帰るといっても、何をどうしたらよいのかわかりません」
　退院を急ぐということで、取り急ぎ自宅を訪問し環境チェックを行いました。福祉用具の貸与と訪問看護を調整。在宅での訪問診療を依頼（入院前に膵

臓がんの診断をした医師に依頼）し、退院の運びとなりました。

利用者に「自宅に帰って何がしたいですか？」と質問すると、「大好きなゴルフのハーフを回りたいな」と冗談っぽく言いました。「では、退院したら訪問看護師さんとリハビリをして、体力をつける必要がありますね」と言うと、「それは、きついなあ」と笑いながら応えました。

翌日、訪問すると、奥さまと車いすで近所を散歩されていたのでびっくりしました。自宅には大きな力があるのです。

退院して1か月が経ち総合病院に定期健診を受けに行きました。その際に痛みのコントロールができていないことがわかり再入院。2週間後に再度退院となりました。

それから亡くなるまでの間は、ほとんど寝ている状態でしたが、最期は大好きな犬と猫も側に寄り添い、大好きだったCDを聞きながら永眠されました。奥さまは「やり切った」という感じでした。

私たち支援チームのかかわりは、ごく一瞬でしかありません。でもその一瞬は、人生の幕引きとなる一瞬です。そこにかかわらせていただいているのです。多くのことを学ばせていただいているのです。そうした謙虚さと感謝の気持ちを忘れずに、チームで役割分担をし、いつの場も全力投球で在宅ターミナルに臨みたいと思っています。終結が、支援チームにとっても悔いのないものになるために…。

引用・参考文献
1）岡田進一『ケアマネジメント原論——高齢者と家族に対する相談支援の原理と実践方法』ワールドプランニング、87頁、2011年
2）佐々木亮『評価論理——評価学の基礎』多賀出版、3頁、2010年
3）岩間伸之『支援困難事例と向き合う——18事例から学ぶ援助の視点と方法』中央法規出版、152～155頁、2014年
4）奥川幸子『身体知と言語——対人援助技術を鍛える』中央法規出版、598～599頁、2007年

第8章

援助関係と面接技術
「この人には話していい」と感じてもらう

01 ケアマネジメントは関係づくりが勝負

02 意識的に面接をデザインする

03 援助に効果的な面接技術を身につける

04 援助関係の土台は協働作業

01
ケアマネジメントは関係づくりが勝負

　私たちの仕事は、利用者に出会い、利用者が今後の人生の計画を立てるお手伝いをすることです。そのために必ずすべきことは、一緒に話し合うことです。ところが、話し合い自体が「うまくいかないなぁ」と思っている人は少なくありません。

　よい関係がないと話し合いにはなりません。よい関係とはどのような関係でしょうか。カギは、利用者側の実感です。よい関係とは、利用者が「この人には話しても大丈夫」「この人は私のことを考えてくれる」「私の存在を尊重してくれている」と感じる関係です。ケアマネジャーは「援助を行う人」として利用者の前に現れるので、ケアマネジャーと利用者の関係は、世間の人づきあいのような「一般的な人間関係」ではありません。では、どのような関係なのでしょうか？

　ケアマネジメントは、「利用者のよりよい生活の実現」という目的をもっています。その目的を達成するために「関係」を結ぶのです。援助する側と援助を受ける側の関係であり、その関係を「援助関係」といいます。そして、援助関係づくりが私たちの勝負どころです。

　援助関係をよりよいものにするには、どうしたらよいのでしょうか。ケアマネジャーの方々から相談を受けていると、多くの場合、援助関係がうまく結べていないことに行きつきます。じつは、このような悩みは私たちだけではありません。ソーシャルワークの専門家も、援助関係の結び方について悩みました。どのようにふるまえばよいのか、どのようにかかわればよいのかを考え続けてきた結果、よりよい援助関係をつくる法則が見えてきました。これが、援助者側が身につけるべき技術となったのです。この技術を「面接技術」といいます。

　ここでは、みなさんが明日からちょっと元気になって、今までとはちょっと違う援助ができることを願って、この章を歩んでいきたいと思います。

01 みんな面接に悩んでいる!

ケアマネジャーの研修会で、「利用者との面接で、困っていることがありますか?」と尋ねてみました。そうすると、以下のものが出てきました。

> **面接についての悩み・いろいろ**
> ・面接の切り出しをどうしようかと思うことがある
> ・どこまで聞いてよいのか、踏み込んでよいのかわからない
> ・途中まで聞いて、そこからどうしてよいかわからない
> ・こちらの質問したことと違う返事が返ってくるので、どうしてよいかわからなくなった
> ・話が長くなって切ることができなくて困っている
> ・途中で何の話をしていたのか、わからなくなる
> ・話が続かない
> ・利用者の思いが強くて、こちらの言うことを聞いてもらえない　　など

援助がうまくいかないとき、自分一人だけがうまくいかないと考えがちです。ある人が「私でなかったらうまくいったかもしれないと考えてしまうのです」と言いました。でも、今あげたように多くの人が悩みをもっています。自分一人だけが悩みをもっているのではないことを知っていてください。このような悩みの解決に面接技術は役立つでしょう。今日の悩みは、援助関係を築くことができた「明日の自分」になるための第一歩です。

02 援助の専門家が行う面接は何が違うか

ケアマネジャーの行う援助関係を少し丁寧にいえば、「専門的援助関係」です。

インフォーマルな家族や友人が相談相手になっても、援助する側・される側の援助関係が生じるかもしれません。しかし、ケアマネジャーはインフォーマルな関係と違い、専門家として相談に乗り、それによって収入を得ます。

　では、専門家の行う面接はどのようなものなのでしょうか。

　専門家は意識的に面接をつくります。今日の面接の目的は何か。どのように進めればよいか。1か月前と何が変わっているのか…。

　面接が始まる前から、面接の組み立てが始まっているのです。

面接の目的について

　「今日は月に1回の訪問日なので、印鑑をもらうために行くということも、目的ではないですか？」と新人のケアマネジャーから質問されたことがあります。管理者である私は、このように答えました。

　「私たちの援助の目的は何だと思う？　月に1回訪問することや印鑑をもらうことは、ケアマネジメントプロセスをきちんと遂行するために、私たちに与えられた義務だよね。でもそれは、私たちの援助の目的ではないのよ。援助の目的は『利用者本人のよりよい生活の実現』なのだから、それを行うための面接は意識的にするべきなのではないかしら。今日、あなたはその目的のためにどんな訪問をする？」

　実際に訪問して面接が始まったときも、利用者や家族が話しやすいように、意識的にうなずいたり質問をしたりします。また、物事には起承転結があるように、面接にも始まりと終わりをつくります。このように「意識的に」面接をつくることによって、援助関係を構築していくのです。

02 意識的に面接をデザインする

01 面接に入る前に押さえておくべきこと

専門的な援助者は、目的に向かって意識的に援助を行います。そのために、面接を意識的にデザインして（組み立てて）いくのですが、その前提として、毎回次の点を確認しておくと、面接を進めやすくなります。

面接に入る前に押さえておきたいこと

① 自分は、どのポジション（立場）で面接を行うのか：ポジショニング
② これから会う本人や家族は、どんな気持ちや心情でいるのか
③ 今日の面接は、ケアマネジメントプロセスのどこなのか
④ 今日の面接は、何が目的なのか

---

1 ▶ 自分は、どのポジション（立場）で面接を行うのか：ポジショニング

自分がどの立場で面接するのかは、とても重要です。例えば、地域包括支援センターの職員として会うのか、居宅介護支援事業所のケアマネジャーとして会うのかなど、自分の所属機関と職位（組織における地位）をわきまえ、業務範囲を自覚しておくことが必要です。

ポジショニングをわきまえない面接

地域包括支援センターの職員が初めて自宅を訪問しました。その際に、家族から「デイサービスを使いたい」という希望が出ました。職員は、「わか

> りました。デイサービスですね。利用できるようにしておきます」と答えました。
>
> 　後日、地域包括支援センターからの依頼で居宅介護支援事業所のケアマネジャーが初めて訪問をしました。家族から「デイサービスの利用はまだですか。できると聞いていましたが」と切り出されました。利用者本人はちらりとケアマネジャーを見て「行きたくない」とつぶやきました。
>
> 　ケアマネジャーは、本当のニーズをとらえるために利用者本人の思いを知り、アセスメントを深めることの必要性を感じています。

　このケースの問題は、地域包括支援センターの職員が家族の希望に対し、安易に「しておきます」と答えてしまったことです。そこには利用者のニーズをきちんととらえないで家族の要望を安請け合いする危うさと、地域包括支援センターの職員というポジションでありながら、居宅介護支援事業所のケアマネジャーが行うケアマネジメントプロセスに立ち入ってしまっていることが問題としてあげられます。では、ポジショニングを押さえていればどのように面接は変わるのでしょうか。

ポジショニングをわきまえた面接

> 　地域包括支援センターの職員が初めて自宅を訪問しました。その際に、家族から「デイサービスを使いたい」という希望が出ました。職員は、「わかりました。ご家族はデイサービスを希望されているんですね。それについてはケアマネジャーさんが後日訪問して、ご本人やご家族といろいろとお話しして、ご一緒にサービスの利用を考えていくことになります。そのような希望をもっておられることは、ケアマネジャーさんに伝えておきますね」と答えました。

　地域包括支援センターの職員は、このケースにおいてはケアマネジメントを行う立場ではありません。後者の例では、ケアマネジャーへの仲介をするという立場に徹しつつ、ケアマネジャーの仕事を簡単に説明しています。同時に、家族の気持ちを受け入れています。

自分のポジショニングを自覚しておくことは、自分の業務範囲をきちんとわきまえるということです。その立場でない人が勝手に安請け合いすることで、援助が困難になり、クレームに発展することもあります。

　ただし、業務範囲ではないからといって、「それは私たちの仕事ではありません」などと突き放すのは問題です。適切な機関をわかりやすく紹介したうえで、責任をもって橋渡しをすることが必要です。

2 ▶ これから会う本人や家族は、どんな気持ちや心情でいるのか

　面接に臨む前に、利用者本人や家族はどんな気持ちや心情でいるのかを考えて、面接の組み立てを行います。

　初回訪問であれば、たいていの場合、本人や家族は「どんな人が来るのかな」「ちゃんと聴いてもらえるのかな」と期待や不安をもっています。その気持ちを感じて、今からどのように面接をつくるのかを考えます。

　ケアマネジャーが「ケアプランをつくらないといけない」「問題を解決しないといけない」などと焦ると面接はうまくいきません。ケアマネジャーが焦ると、つい「どうしたらよいのか」「どのサービスがよいか」ということばかり考えて、本人や家族がどんな気持ちや心情でいるかを考えることを忘れがちになります。すると、「この人は私の話を聴いてくれない」「私の気持ちを理解してくれない」「この人とは話したくない」などと、よい援助関係をつくることができません。よい援助関係がなければ、アセスメントを進めることも深めることもできません。

　相談したい、援助が必要、サービスを利用したい…。そのような状況にある本人や家族はどんな思いでいるのでしょうか。もうあきらめてしまっているかもしれません。不安な思いをしているかもしれません。（情報不足から）思い違いをしているかもしれません。いずれにしても、本人や家族の気持ちや心情を推察し、どのように会おうかと考えることが、面接に臨む際には必要です。

3 ▶ 今日の面接は、ケアマネジメントプロセスのどこなのか

　ケアマネジメントプロセスは、アセスメント、計画、実施、モニタリングを循環します。ケアマネジャーは、その循環を通しながら、本人のよりよい暮らしに向けて援助します。これは、第6章でふれたPDCAサイクル〔Plan（計画）、Do（実行）、Check（評価）、Action（改善）〕と同じです。ケアマネジャーは、ケアマネジメントプロセスを循環させながら、継続的に計画を改善し、本人がよりよい暮らしを実現するお手伝いをしていきます。

　面接に入るときは、今日はケアマネジメントプロセスのうえで何のために行くのかということを明らかにしておきましょう。例えば、計画を利用者と共有する、計画に不具合がないかをモニタリングする、状態に変化があったので再アセスメントを試みるなど、今日はプロセスのどこにいるのかを意識しておくのです。なお、ケアマネジメントプロセスでは、複数のプロセスを一度の訪問で行うこともあります。例えば、モニタリングをしながら計画の修正を行うなどの場合です。

4 ▶ 今日の面接は、何が目的なのか

　訪問をするときには、「今日は何のために訪問するのか」と自問してください。今日の訪問で知りたいことや確かめたいことは何でしょうか。例えば、「利用者の思いを今日はしっかり聴いてみる」でも、「脱水気味かもしれないので、水分量を確認してみよう」でも構わないのです。もちろん、「利用者にとってのよりよい生活を一緒に考えていく」という援助の意図がベース（土台）にあります。そのベースから外れない範囲内で具体的な目的を設定するわけです。面接の目的を考えて意識的に訪問する癖をつけておくと、話が広がってしまっても元の議題に戻ることができるなど、本題からぶれずに話を進めることができます。

　いつも「目的は何か」と考えるようになると、援助全体のなかでの今日の面接の位置づけが明らかになり、先ほど述べたPDCAサイクルが、確実に回るようになっていきます。

02 始まりと終わりが肝心

1回の面接にも、プロセスがあります。面接にも始まりがあって、終わりがあるのです。それは時間的なことだけではありません。面接を展開する構造として、始まりと終わりがあるのです。

1 ▶ 面接の始まり

面接の始まりには、今日の面接の目的を伝えます。その目的が、「本人にとってのよりよい生活を一緒に考えていく」という面接の意図と合致していれば、本人や家族が面接に主体的に参加しやすくなります。また、具体的な訪問目的を伝えれば、利用者や家族にとってもわかりやすい面接を行うことができます。

面接の始まりの例

（初回訪問）

「今日初めておうかがいしたので、大野さん（仮名）ご自身のことを教えていただければと思っています。今回大野さんに介護が必要になった状況から、教えていただけますか」

（継続訪問）

「大野さんが、デイサービスに行かれたとお聞きしました。デイサービスではどんなことをされたのか、これからも続けて通えそうかどうかなどを、一緒に確認していきたいと思います」

---

2 ▶ 面接の終わり

面接の終わりには、今日の訪問で確認したこと、決まったことなどをまとめます。そうすることで、今日の訪問の意味が明らかになり、今後の方針を利用者と一緒に整理することができます。日頃からこの訓練をしておくと、話を整理することがたやすくなり、次にどう動けばよいのかの判断をしやすくなります。

面接の終わりの例

「今日は、大野さんのトイレまで歩いていきたいという思いを聴かせていただきました。リハビリをすることで、それが可能になるかどうかを専門家に確認してみるという提案に合意をいただけました。戻ってから、訪問リハビリの理学療法士の方に、そのための訪問が可能かどうか確認してみます。その結果は、明日の夕方までに連絡しますね」

03 面接をプロセスとして理解する

面接のプロセスは、ケアマネジメントプロセスの時期や面接の目的によって変化します。一例として、どんな時期、どんな目的であっても利用者の力を最大限に引き出すことのできる「利用者と一緒に考える面接のプロセス」を紹介します。

利用者と一緒に考える面接のプロセス

① 相談したいことを自由に話してもらう
② 利用者が感じる問題を要約する
③ 問題を解決してどうなりたいのか（問題解決像）を確認する
④ その問題に至る状況について、身体・心理・社会的情報を聞き取る
⑤ 今までに似たような問題はあったか、利用者は、それをどのように解決してきたかを聞き取る
⑥ 今回の問題をどのように解決しようと思っているのかを確認する
⑦ 利用者の問題とその解決像、本人の意向などを要約する
⑧ 利用者が抱えている問題とその解決策を、一緒に見て一緒に考える
　＊援助者は問題を解決する人ではなく、一緒に考える人として存在する
　＊問題を紙に書いて一緒に考えるなども有効な方法（後述）
⑨ 今日話し合ったことをまとめ、方針を整理する

03 援助に効果的な面接技術を身につける

01 技術は専門性を育てる

1 ▶ 面接技術は利用者のためにある

　技術は大切です。どんな専門職も技術を磨くことで、専門職の名に恥じない仕事ができるようになります。また、磨き上げ身につけるべき技術は1つではありません。例えば、料理人であれば、包丁を使う技術、味を調合する技術、盛りつける技術など、さまざまな技術を駆使します。同じように私たち対人援助の専門職が行う面接にも、さまざまな技術があるのです。

　面接における技術とは、私たち援助職が利用者にどのように接すれば成果をあげられるかという技術です。成果とは、利用者との間に信頼関係を構築して、よりよい援助関係をつくり、援助の目的を達成することです。面接技術を駆使することで、利用者は自分で選び、自分で決定するという主体性を発揮することができます。そして、利用者のよりよい生活を利用者と一緒に考えることができるのです。

2 ▶ 自己流は専門性と相容れない

　面接技術を身につけるうえで、私たちに1つの課題があります。私たちは生まれてこのかた、人間関係のなかで生きてきたので、その人なりに、人に接する方法が身についています。わざわざ身につけなくても、それなりに「面接もどき」の接し方はできてしまうのです。ですが、それは「面接もどき」であって、援助の専門職が行う「面接」とは似て非なるものです。「自分なりのやり方でいいのだ」というものであるならば、それは技術を必要とする専門職ではありません。

　ここでは、意識的に自分のやり方を脇に置いて、面接技術を訓練し習得すること

第8章　援助関係と面接技術──「この人には話していい」と感じてもらう

をお勧めします。いつも自分が同じような失敗やパターンを繰り返してしまうのも、自分なりの接し方や癖が出てしまうからです。自分自身のあり方を知り（自己覚知）、専門職としての面接技術を磨きましょう。その結果、援助の力が向上し、援助者としての専門性を育てることができるのです。

　面接技術は、人との接し方を援助的なあり方に変えていきます。これから面接技術の実際を見ていきますが、面接技術を「姿勢・態度」「共感的に理解する技術」などに分けて説明していきます。共通していえるのは、面接技術は、人間の尊厳を維持・回復するための技術であるということです。

02　姿勢・態度「あなたを信頼しています」

1 ▶ 利用者への信頼：問題を解決する力を利用者はもっている

　私たちがかかわる利用者は、病気や事故などにより何らかの生活のしづらさを抱えています。家族から介護を受けたり、外からの支援が必要になったりしています。しかし、介護や支援を受けているからといって「問題を解決できない人」になってしまったかどうかは疑問です。

　カウンセリングの手法に大きな影響を与えたカール・ロジャーズは、「人間は本来信頼できる存在」としました。植物が陽に当たると自然とその方向に芽を伸ばし

ていくように、ある一定の環境が整えば、人は、自分自身を理解しながら自分で問題を解決していける可能性をもった存在としたのです。一定の環境とは、「受容的・共感的な環境」です。私たちは面接技術でこの環境をつくっていくのです。

利用者が要介護状態にあっても、自分で問題を解決できる存在なのだという信頼があれば、面接は、利用者自身がどのようにその問題を考えているのか、解決しようとしているのかなど、本人の思いや考えを聴くことから始まるでしょう。多くの場合、よく聴くと利用者自身が何とかしたいと思っていたり、何らかの方策を考えたりしています。まずは、どのように問題をとらえ、対処しようとしているのかを確認してみましょう。援助者が利用者の考えを聴くことで、利用者は、「この人（援助者）は自分を信頼してくれている」と感じることができます。この「信頼されている」という感覚が、利用者の課題解決力を高めるのです（エンパワメント）。

利用者らしい生き方

家がごみだらけで大変だからと、松本さん（仮名）の家に掃除に行くボランティアさんがいました。ところがある日、ケアマネジャーは松本さんから、「あの人に来ないようにしてほしい」と言われました。「勝手に掃除をされると自分の感覚が狂ってしまう、いい迷惑だ、放っておいてほしい」と語気を強めます。「ごみだらけに見えても、どこに何があるかはわかっている」とも続けます。思えば、必要な書類の提出を松本さんに依頼すると、時間はかかりますが必ず自分で持ってこられます。自分なりの生き方・暮らし方を尊重してほしいという訴えだったのです。

POINT 1 まず、本人の問題を本人がどう考えているか聞いてみましょう。本人の今いるところから始めるのです。

2 ▶ 身体・心理・社会的存在：利用者の言動には理由が必ずある

「人間というものは問題を引き起こす存在である」とみると、利用者自身に問題があるとみえてしまいます。続いて、「利用者が問題だ」と考えると、利用者を変えたくなってしまいます。しかし、人はかけがえのない「個人」として尊重される

存在であり、援助者であるケアマネジャーが利用者をコントロールすることがあってはいけません。問題を解決するのは利用者本人であり、援助者はそれをサポートする役割を担います。

人間は、身体・心理・社会的な存在です。生きてきた歴史に形づくられた存在なのです。つまり、「問題」とされている行動は、身体（からだ）、心理（こころ）、社会（周りの環境）から影響を受けています。

「人間は、身体・心理・社会的な存在である」という見方が身につくと、その人が問題を引き起こしているように見えても、何がその人に影響しているのかを考えられるようになります。援助者は、利用者の心身の状態や本人の置かれた状況をよく知ろうとするでしょう。そして、利用者と一緒に「問題の理由」を見つけ出し、支援の方向性を見出せるようになるのです。

何を問題とみるか

認知症を患う本田さん（仮名）が大声で叫ぶので、家族が困っています。「認知症が進んでいるので、薬か何かで抑えられないか」と相談がありました。ケアマネジャーは、家族の介護の苦労をねぎらった後、次のような助言を行いました。①本田さんが叫ぶ理由を考えてもらうこと、②本田さんの気持ちを穏やかな表情で聴いてもらうこと、③水分摂取・便秘・睡眠などに気をつけて、短い昼寝を勧めるなど体調管理に努めてもらうことの3点です。

1週間後、家族から報告がありました。いつも夕方になると、「帰らんといかん！」「怒られる」などの声が聞かれていたのが、落ち着いてきたというのです。

落ち着いてきた理由は、体調管理ができたことも一因でした。同時に、「帰らんといかん！」「怒られる」と叫ぶ内容について家族が考え始め、本田さんの妹に「思い当たることがないだろうか」と確認してみたのでした。妹さんの話では、本田さんの実家では、「女の子は夕方には家の用事をしなさい」と厳しくしつけられたとのこと。その話を聞きながら、家族は本田さんの気持ちがわかったとのことでした。ケアマネジャーから、本田さんの言動には理由があることを家族に助言したことで、思うように言えない本田さん

の思いを代弁したことになったのでした。

> **POINT2** 問題が生じたとき、「この人とその環境に何が起こっているのか」とつぶやいてみましょう。その問いが多面的な見方や本人の思いを知ることにつながっていくでしょう。

3 ▶ 援助者自身が課題：援助者自身の体験や思いを脇に置く

　人の話を聞いていると、「私も同じ、そんな体験している」とか、「それはこうすればよいのでは」など、援助者側が話したくなってしまうことがあります。

　しかし、援助関係においては、主人公は利用者本人です、自分のことを話したい衝動はこらえて、本人の言いたいことにしっかりと耳を傾ける必要があります。援助的コミュニケーションを学ぶ際に最も必要な訓練は、自分自身を脇に置くことかもしれません。

> **世間話的コミュニケーション**
> **娘**　「うちの母、何度言っても忘れてしまうので困っています」
> **ケアマネジャー**　「そうなんですか。じつはうちの母もすぐに忘れてしまうんです。うちの場合は、薬の飲み忘れに始まり、何でもかんでも忘れるんですよ。同じですね」

　このコミュニケーションは、同じような問題を抱えた二人が、互いに悩み事を言い合う世間話のレベルです。娘さんとケアマネジャーの抱えている問題は、別の体験です。もし援助的にかかわるならば、どのようにすればよいのでしょうか。

援助的コミュニケーション

娘 「うちの母、何度言っても忘れてしまうので困っています」

ケアマネジャー 「よくお忘れになるので困っているんですね。それはどんな場面でよく起きていますか？」

　この面接では、ケアマネジャーの経験は出てきません。娘さんの抱えている問題をより深く知ろうとしています。援助の専門家としての姿勢が見えてきます。つまり、援助関係の構築には、「援助者自身の体験や思いを脇に置く」ことが必要です。これは、援助者としてよく聴き、利用者を理解したうえで、専門職としての意見を伝えるためにも必要なことなのです。

POINT 3 どうしても自分の考えや体験を話したくなったときは、「自分自身を脇に置く」「まず聴こう」と内側で唱えてみると、相手のところに戻りやすくなります。

4 ▶ 受容的態度：「あなたを大切に感じている」を態度で伝える

　初めて会うときには、援助者も利用者も互いに「どんな人だろうか」と思っています。利用者は、援助者の雰囲気や話し方で、「この人は話しやすい人かどうか」の第一印象をもちます。利用者に「話しやすい人」と感じてもらうには、どのような態度が必要なのでしょうか。

ひとつ考えてみましょう。知らない土地で迷子になったとしたら、どんな人に声をかけますか？　よく出る答えは「やさしそうな人」「女の人」などです。女の人のほうが怖くないし、やさしそうに感じるからかもしれません。やさしそうな人かどうかは、どこで判断するのでしょうか。「笑顔」「柔らかい印象」「話し方が丁寧」「不安を受け止めてくれる雰囲気」などでしょうか。

　非言語コミュニケーションは雰囲気づくりには有効です。つまり、「あなたを大切に感じている」と笑顔や柔和な態度、温かい声の響きなどで伝えるのです。利用者の側は初めて会うときはとても緊張しているので、できればこのような態度を身につけたいものです。

POINT 4
「笑顔」…笑顔の必要性は感じていても、なかなか笑顔になっていないことが多いのです。どんな顔で訪問するか、鏡を見て笑顔チェックをしてみましょう。
「柔和な態度」…相手のことを聴こうとして目を柔らかく見つめます。聴こうとする気持ちで相手に接すると、相手を受け入れる態度になります。

03　共感的に理解する技術「あなたを尊重します」

　聴き手が「それ、わかる、わかる」や「私も同じ体験をしました」と答えることは、「共感」ではありません。このような理解は、「同感（同じような感覚をもっているような気になっている）」です。

　「共感」とは、話し手の体験を聴きながら、相手が感じた思いを「共に感じる」

こと。同じような体験をしていても、思いは決して同じではありません。

共感的理解とは、相手の体験をかけがえのない体験として尊重し、そのときの思いを理解しようとする聴き方です。利用者が語ることをあたかもその人であるかのように感じながら聴く態度です。その際には、十分に聴いていることを伝える言葉や態度が問われます。以下、具体的な技術を述べていきます。なお、面接技術を行うときには、聴き手の言葉のトーンや響きが影響を与えます。語り手の気持ちを大切に聴いているとき、聴き手の言葉のトーンも変化し、穏やかになっていきます。

1 ▶ あいづち：「あなたの話を聴いています」というメッセージ

最初に行う技術は「あいづち」です。「はい」「ええ」「ほう」「そうなんですね」「なるほど」「それで」など、話し手の語りの間に入れていきます。相手の話をうなずいて聴くあいづちもあります。聴き手のあいづちがよいと、話し手は気持ちよく話すことができます。あいづちのタイミングのよさは、相手の話をきちんと聴いていることを表しています。話し手の話を十分に聴いていれば、あいづちはおのずから上手にできるものなのです。

2 ▶ 話し手の言葉を復唱する：言葉をそのままの姿で返す

次に話し手が語ってくれた言葉をそのままの姿かたちで返します。

言葉をそのままの姿で返す

利用者	「どうしようかと思って…」
援助者	「ああ、どうしようかと思って…」
利用者	「しんどかったんです」

援助者　「しんどかったんですね」

　利用者が話した言葉の姿そのままを返すことで、利用者は自分の言葉が相手に届いていることを知るとともに、自分自身の語りを確認することができます。この技術は、「おうむ返しをする」、あるいは「反復する」と紹介されることがあります。形としては確かにそうなのですが、形式的に繰り返せばいいというものではありません。

　その人の言葉は、その人の「いのち」そのものです。その人から発せられる言葉はその人自身の語りです。ときには魂の叫びが表出されることすらあります。言葉はその人自身なのだと理解すれば、そのままの姿で返すことの大切さがわかるでしょう。

　その人から発せられた言葉の重みを知ることは、「ああ、そういうことね」と簡単に意味をとって、言葉の表現を変えてしまう傲慢さを理解することでもあります。小林秀雄氏は「言葉」[1]というエッセイの中で、「姿ハ似セガタク、意ハ似セ易シ」という本居宣長の言葉を引用しています。ここでいう「姿」とは「言葉の姿」のことで、言葉のまねは難しいが、（姿のない）意味のまねは易しいということです。そのうえで、「似せ難い姿に吾も似ようと、心のうちで努める事だ」と述べ、さらに、「ある情からある言葉が生れた、その働きに心のうちで従ってみようと努める事だ」と続けています。

　私たちは、もう一度その人の言葉の重みをしっかりと知ることが重要なのではないでしょうか。そして、相手の言葉をしっかりと聴いて、そのままの姿をなぞるように伝え確認する行為は、その人「ひとり」の価値をしっかりと受け止め、尊重する行為なのです。

3 ▶ 言い換え：話し手の思いを十分に含んで

2では、利用者の言葉をそのまま返す大切さについて触れました。しかし、いつも言葉をそのまま返すと、本当におうむに返されているような心情になります。ですから、その言葉を利用者の思いや意図を十分に含んだ違う言葉で返します。

言い換える

利用者　「どうしようかと思って悩んでいました」

援助者　「深く考えてこられたのですね」

4 ▶ 感情の反射：話し手が語っている感情を感じとり言葉にする

事実には、「客観的事実」と「主観的事実」があります。例えば、「去年、脳梗塞を患いました」という話は客観的事実です。一方、「その時はもう死んでもよいと思うほどつらかったんです」というのは、話し手が感じた主観的事実です。

人の言葉には何かしらの感情が伴っているものです。客観的事実を語りながら、そこには感情（主観的事実）が含まれていることが多々あります。相手の語りから感情を感じとり言葉にすることを「感情の反射」と言います。

客観的事実に盛り込まれた感情を返す

利用者　「夫が死んだとき、涙が出ませんでした」

援助者　「涙が出ないほど、悲しかったんですね」

利用者の語りに涙が出ないほどの悲しみを感じたので、「涙が出ないほど悲しかったんですね」という言葉で受け止めています。利用者の言葉に隠された感情を感じとり言葉にすることで、利用者の気持ちを明確にしたり、感情を共有したりすることができます。

5 ▶ 要約：話し手が語った内容をまとめる

　話し手が語る内容にはストーリー（物語）があります。ストーリーには、こんなことがあって、だからこうなったなどの利用者なりの展開があります。一通り話したときに、内容を要約します。要約することで、話し手は「きちんと理解してもらえている」と感じることができます。また、あちらこちらへと広がりすぎてしまったり、何を言いたいのかわかりにくくなったりした話を整理することができます。

> **相手の話を要約する**
> **長女**　（父親が病気になってから今までの状況を一通り話す）
> **援助者**　「お父さんががんの診断を受けたことで、○○さん（長女の名前）が仕事を辞める決意をされるなど生活が一変して、今のお二人暮らしになられたんですね」

　こちらからの推察や要約は、ときには間違って受け止めてしまうことがあるかもしれません。だからこそ上の例のように、「〜ですね」と確認する作業が欠かせません。

　確認した際に、話し手から「そうそう」などの言葉が返ってきたら、そのまま聴

いていってもよいというサインになります。逆に、「いえ、そうではなくて…」となった場合には、聴いたこちら側の理解を修正していきます。つまり、話し手に確認しながら、聴き手は伴走していくことができるのです。

　面接は二人の協働作業です。聴き手が確認することで、事実や感情を正確にとらえることもでき、話し手も聴いてもらえたと感じることができるのです。

04　質問の取り扱い～より理解しようとするために～

1 ▶ 効果的な質問：聴き手から質問する

　面接では、アセスメントのために必要な情報を入手する際、さまざまな質問をすることにより、利用者の状況をわかろうとします。効果的に質問するためには、以下の2点を意識する必要があります。1つ目は、聴き手側が何を尋ねたいのか（質問の意図）を明らかにすること、2つ目は、話し手が答えやすい質問として提示することです。この2つの要素が入った質問をつくります。つまり、話し手の答えやすさを配慮しながら、どのような質問であれば、聴き手の意図する返答をもらえるのかを考えていくのです。

　聴き手は、質問をつくることに慣れるまで、いろんな質問にチャレンジをしてみましょう。例えば、「それはいつからですか？」「どこでですか？」など、5W1H（いつ・どこで・誰が・何を・どんな理由で・どのように）で尋ねてみましょう。さらに、「それはもう少し言うと、どういうことなのですか？」と奥行きを尋ねる

質問、「そのときはどのように感じたのですか？」と話し手の内面を尋ねる質問などを盛り込んでいきましょう。さまざまな質問をつくって尋ねているうちに、利用者をより深く理解するための質問ができるようになるでしょう。

POINT 5 自分の質問に対して違う答えが返ってくるということも、面接のなかではよく起きます。もし、質問に答えてもらえていないと感じた場合は、相手の答えを受け止めながら、もう一度同じ質問をしてみます。援助者側が自分の尋ねたい意図をしっかり認識していると、相手の答えに流されることなく再度質問することができます。

2 ▶ 質問への応答：話し手からの質問に応える・答える

話し手（利用者など）から質問されれば、その質問に答えるというのは自然なことです。

しかし、質問に答えたにもかかわらず、話し手との距離が遠のいたような感じを受けることがあります。話し手が質問に込めた思いと答えがずれてしまったことがその原因です。

話し手から質問を受ける場合には、「質問には意味がある」ということを覚えておきましょう。質問の背景には、話し手の思いや意図があります。この思いや意図を受け取ることが大切なのです。

日本語では「こたえる」という意味の熟語に「応答」があります。漢字の姿から

もわかるように、心に応答する「応じる」と、質問に返答する「答える」の両方が、「こたえる」姿勢に必要なのです。つまり、「こたえる」とは、質問された内容に「答える」だけではなく、質問した話し手の心に「応える」ことが求められるのです。単純に質問に答えるだけでは、話し手の心に応えていないため、話し手の思いや意図とずれが生じてしまうことも少なくありません。

2つのこたえ方

利用者と面接しているときのことです。利用者から「もうこの歳だったら死んでもいいですよね」と質問を受けました。どのようにこたえますか？

○パターン1

ケアマネジャー　「何言っているんですか。まだまだこれからですよ」

○パターン2

ケアマネジャー　「もういいのではないかとお感じなのでしょうか」

パターン1は、話し手の心情と聴き手のこたえの間にずれが生じています。パターン2は、話し手の気持を受け取ろうとしています。

援助関係でのコミュニケーションは、「その人」の体験や感情を受け止めようとします。話し手が質問した場合も同じです。質問した「その人」の心を聴いていこうという「応じる」姿勢を重視します。応答という文字の順番どおり、その人の心に「応じる」から始めていきます。

英語では、責任をresponsibilityと言いますが、これは「response（応答）」ができる「ability（能力）」ということです。援助者としての責任を果たすためにも、この

応答の能力を磨いていきましょう。質問にはその人なりの意味や背景があることを感じ取り、その人の心を受け取るコミュニケーションを身につけていくことが問われています。

05 利用者にわかるように伝達する

　援助者から利用者に、考えを伝えたり提案したりすることがあります。ところが、「利用者になかなか伝わらない」と嘆くケアマネジャーの声を耳にすることがあります。それを解くカギは、利用者の「聴く耳」です。

　それまでの面接を通して、利用者が自分の話を援助者に聴いてもらっているという実感がなければ、利用者の側に援助者の提案を聴こうという「聴く耳」は育ちません。「利用者に聴いてもらえない」という場合の多くは、利用者が「聴いてもらえていない」と感じているからなのです。

　利用者に聴いてもらうためには、今まで述べてきた「聴く」が、しっかりと実践されている必要があります。そのうえで伝える際には、以下のことを意識的に行います。

　①利用者に聴こえる声、②利用者にわかりやすい言葉、③わかりやすい説明（論理）で話すことが求められます。伝わったかどうかの確認も必要です。相手に内容が伝わり納得できると、一緒に検討することが容易になります。

04

援助関係の土台は協働作業

01 一緒に考える関係をつくる

今まで述べてきたように、援助関係とは聴き合える関係をつくることです。援助関係は協働作業の積み重ねによって育ちますし、面接技術が協働作業の実現を助けます。より、その関係を生じやすくするために、この章の最後に１つの工夫を紹介しましょう。

協働作業を実現する１つの工夫

●面接の際に紙を１枚用意しましょう。

問題を一緒に考えるために紙を１枚用意しておきます。問題を聞きながら紙に書き出して、それを一緒に見ながら話し合うのです。

これには２つの利点があります。①可視化することで問題を整理しやすくなる。②問題を一緒に解決する姿勢をとることができる。その結果、利用者と援助者の間に信頼関係が育ちやすくなります。このように紙への書き出しは援助的コミュニケーションを進めます。利用者が相談し援助者が答

> えるという構図から、一緒に眺めながら考える体制へと関係が変化していくのです。

　面接技術は、頭ではわかっていても、身につくには時間もかかるものです。日頃の面接のなかで、一つひとつ実践していきましょう。うまくいかないときもあるかもしれませんが、「明日の自分」を信じて歩んでいきましょう。

02　スーパービジョンの勧め

　利用者と協働作業をする前に、私たち援助者自身の点検を済ませましょう。私たちも自分が生きてきた生きざまや価値観をもった一人の人として、利用者に出会うのです。ときには、自分の心の狭さや癖にぶつかることもあるでしょう。人間は完璧ではありません。だからこそ、「ああ、自分はこんな癖があるなあ」と知っておくことが大切なのです。

　もし、可能ならば、尊敬する先生でも上司でもかまいません。スーパービジョンを受けることをお勧めします。自分だけでは見えてこないことが、スーパービジョンを受けることで明確になってきます。また、自分が相談するという体験が、利用者が相談する気持ちの理解にもつながります。どんなふうに言われるとつらいのか、やる気が出るのかなど、スーパーバイザーの姿を通して、自分自身の援助者モデルをつくることもできるのです。悩むことやぶつかることは、私たちの生きざまを見直し、人をサポートする専門職としての人間性が育つときなのです。

引用・参考文献
1）小林秀雄『考えるヒント 新装版』文藝春秋、86〜97頁、2004年

編集

一般社団法人日本ケアマネジメント学会　認定ケアマネジャーの会

　『認定ケアマネジャー』の資格を取得し、登録された方々のスキルアップ活動を支援する組織です。
　当会では会員の認定ケアマネジャーの方に対し、より高度なケアマネジメント能力を身につけるための自己研鑽の場を用意し、介護支援専門員に対する実践的な支援および指導ができるような質の高い人材の育成を目指しています。

執筆者一覧（執筆順）

神谷良子（かみたに・よしこ）　**第1章**
特定非営利活動法人神戸ライフ・ケアー協会理事長
介護福祉士・認定ケアマネジャー・主任介護支援専門員

安井由技（やすい・ゆき）　**第2章／第7章**
医療法人社団はっぴねす居宅介護支援事業所
看護師・認定ケアマネジャー・主任介護支援専門員

白木裕子（しらき・ひろこ）　**第3章**
株式会社フジケア取締役社長
看護師・認定ケアマネジャー・主任介護支援専門員

尾崎由美子（おざき・ゆみこ）　**第4章／第7章**
華笑クリニック
社会福祉士・認定ケアマネジャー・主任介護支援専門員

髙木はるみ（たかぎ・はるみ）　**第5章**
社会福祉法人京都福祉サービス協会小川事務所
介護福祉士・認定ケアマネジャー・主任介護支援専門員

酒井清子（さかい・きよこ）　**第6章**
社会福祉法人練馬区社会福祉事業団地域支援課長
介護福祉士・認定ケアマネジャー・主任介護支援専門員

髙落敬子（たかむら・けいこ）　**第8章**
社会医療法人平和会地域包括ケア推進事業部部長
社会福祉士・認定ケアマネジャー・主任介護支援専門員

編集協力・文

佐賀由彦（さが・よしひこ）
ライター

※**認定ケアマネジャーとは**
　日本ケアマネジメント学会が、ケアマネジャーの資質向上を図ることを目的に2004（平成16）年に創設した資格制度です。資格を取得するためには、以下のすべてを満たす必要があります。
・介護保険法の定める介護支援専門員であって、人格および見識を備えている方。
・日本ケアマネジメント学会会員にあっては、資格申請時において、2年以上の会員歴を有する方
・日本ケアマネジメント学会非会員においては、居宅介護支援におけるケアマネジャーとして3年以上の実務経験を有する方。
・日本ケアマネジメント学会の施行する資格試験に合格された方

ケアマネジメントのエッセンス
利用者の思いが輝く援助技術

2017年4月10日　初　版　発　行
2018年9月1日　初版第2刷発行

編　集	一般社団法人日本ケアマネジメント学会　認定ケアマネジャーの会
発行者	荘村明彦
発行所	中央法規出版株式会社
	〒110-0016　東京都台東区台東3-29-1　中央法規ビル
	営　　業　TEL 03-3834-5817　FAX 03-3837-8037
	書店窓口　TEL 03-3834-5815　FAX 03-3837-8035
	編　　集　TEL 03-3834-5812　FAX 03-3837-8032
	https://www.chuohoki.co.jp/

印刷・製本	長野印刷商工株式会社
装幀デザイン	荒井雅美（トモエキコウ）
本文イラスト	須山奈津希

定価はカバーに表示してあります。
ISBN 978-4-8058-5484-6

本書のコピー、スキャン、デジタル化等の無断複製は、著作権法上での例外を除き禁じられています。また、本書を代行業者等の第三者に依頼してコピー、スキャン、デジタル化することは、たとえ個人や家庭内での利用であっても著作権法違反です。
落丁本・乱丁本はお取り替えいたします。